Jochen Botta, Stefan Freigang, Klaus Hufschlag, Sabine Spittler
und Jürgen Weber
Carbon Accounting und Controlling

Herausgeber der Schriftenreihe: Prof. Dr. Dr. h. c. Jürgen Weber

Jochen Botta (Dipl.-Kfm.) ist wissenschaftlicher Mitarbeiter am Institut für Management und Controlling (IMC) an der WHU – Otto Beisheim School of Management und arbeitet dort für das Center for Controlling & Management (CCM). In seiner Forschung beschäftigt er sich mit dem Einfluss von Vorständen auf die Ausgestaltung der internen Risikoberichterstattung sowie auf das Carbon Accounting. Vor seiner Tätigkeit am IMC studierte er Betriebswirtschaftslehre mit den Schwerpunkten Controlling, Logistik und Statistik an der Universität Mannheim sowie an der Universität Linköping (Schweden).

Stefan Freigang ist Vice President Carbon Accounting und Controlling bei Deutsche Post DHL. Er ist verantwortlich für den konzernweiten Aufbau der Emissionsberichterstattung und darauf aufbauender Controllingprozesse sowie die Durchführung der periodischen Berichts- und Planungsaktivitäten. Der Diplom-Wirtschaftsinformatiker leitet seit über 15 Jahren Projekte im Finanz- und IT-Umfeld auf lokaler wie globaler Ebene. Aus diesen Tätigkeiten bei den verschiedenen Divsionen von Deutsche Post DHL im In- und Ausland bringt er weitreichende Erfahrungen über die Prozesse und Systeme im Finanz- und Produktionsbereich mit in das Carbon Accounting und Controlling Programm.

Dr. Klaus Hufschlag ist Senior-Experte im Carbon Accounting und Controlling Programm von Deutsche Post DHL. Er hat maßgeblich am Aufbau des konzernweiten Carbon Accountings mitgewirkt, begleitet dessen weiteren Ausbau und koordiniert die konzeptionelle Weiterentwicklung des Carbon Controllings. In seiner Promotion an der WHU – Otto Beisheim School of Management in Vallendar hat er sich intensiv mit der Gestaltung von Strukturen und Systemen zur Informationsversorgung im Unternehmen befasst.

Sabine Spittler (M.Sc.) ist wissenschaftliche Mitarbeiterin am IMC und CCM. Sie absolvierte ihren Bachelor of Science in General Management/Business Law an der European Business School (EBS) und der University of Hong Kong. Ihren Master of Science in Management absolvierte sie an der WHU und dem Institut d'Études Politiques de Paris. In beiden Studiengängen verfolgte sie die Themen Controlling und Strategie als Schwerpunkte. Im Rahmen ihrer Promotion beschäftigt sich Frau Spittler mit der Erforschung organisationaler Routinen aus einer institutionstheoretischen Perspektive.

Prof. Dr. Dr. h. c. Jürgen Weber lehrt Controlling an der WHU – Otto Beisheim School of Management in Vallendar. Seine Devise ist: »Nichts ist so gut für die Praxis wie eine gute Theorie«. Er ist Herausgeber der Zeitschrift für Controlling & Management sowie Autor zahlreicher Fachartikel und Bücher, unter anderem der Einführung in das Controlling, und darüber hinaus einer der Gründungspartner der Managementberatung CTcon GmbH.

Jochen Botta, Stefan Freigang, Klaus Hufschlag,
Sabine Spittler und Jürgen Weber

Herausgeber der Schriftenreihe:
Prof. Dr. Dr. h. c. Jürgen Weber

Carbon Accounting und Controlling

Grundlagen und Praxisbeispiel Deutsche Post DHL

Advanced Controlling, Band 83

WILEY-VCH Verlag GmbH & Co. KGaA

1. Auflage 2012

Alle Bücher von Wiley-VCH werden sorgfältig erarbeitet. Dennoch übernehmen Autoren, Herausgeber und Verlag in keinem Fall, einschließlich des vorliegenden Werkes, für die Richtigkeit von Angaben, Hinweisen und Ratschlägen sowie für eventuelle Druckfehler irgendeine Haftung.

Bibliografische Information
der Deutschen Nationalbibliothek
Die Deutsche Nationalbibliothek verzeichnet diese Publikation in der Deutschen Nationalbibliografie; detaillierte bibliografische Daten sind im Internet über http://dnb.d-nb.de abrufbar.

© 2012 WILEY-VCH Verlag & Co. KGaA, Boschstraße 12, 69469 Weinheim, Germany

Alle Rechte, insbesondere die der Übersetzung in andere Sprachen, vorbehalten. Kein Teil dieses Buches darf ohne schriftliche Genehmigung des Verlages in irgendeiner Form – durch Fotokopie, Mikroverfilmung oder irgendein anderes Verfahren – reproduziert oder in eine von Maschinen, insbesondere von Datenverarbeitungsmaschinen, verwendbare Sprache übertragen oder übersetzt werden. Die Wiedergabe von Warenbezeichnungen, Handelsnamen oder sonstigen Kennzeichen in diesem Buch berechtigt nicht zu der Annahme, dass diese von jedermann frei benutzt werden dürfen. Vielmehr kann es sich auch dann um eingetragene Warenzeichen oder sonstige gesetzlich geschützte Kennzeichen handeln, wenn sie nicht eigens als solche markiert sind.

Printed in the Federal Republic of Germany

Gedruckt auf säurefreiem Papier.

Satz Kühn & Weyh, Freiburg
Druck und Bindung CPI – Ebner & Spiegel, Ulm
Umschlaggestaltung init GmbH, Bielefeld
ISBN: 978-3-527-50697-2

Inhalt

Vorwort 7

1. **Einführung** 9
2. **Klimawandel und Treibhausgasemissionen** 11
3. **Relevanz von Treibhausgasemissionen** 15
4. **Carbon Accounting und Controlling** 25
5. **GoGreen, das Umweltprogramm von Deutsche Post DHL** 41
6. **Die Carbon Accounting und Controlling Lösung bei Deutsche Post DHL** 45
7. **Einbettung des Carbon Accountings und Controllings in das Finanzwesen bei Deutsche Post DHL** 59
8. **Zusammenfassung und Ausblick** 61
9. **Literaturverzeichnis** 63
10. **Stichwortverzeichnis** 65

In eigener Sache 67

Vorwort

Liebe Leser,

das Controlling war über die vergangenen Jahre immer wieder in der Pflicht, sich neuer Herausforderungen anzunehmen und den Fokus seines Aufgabenspektrums zu erweitern. Eines der bedeutendsten Zukunftsthemen für das Controlling ist – wie wir aus den Ergebnissen einer hierzu durchgeführten Studie (Band 82) wissen – Nachhaltigkeit. Neben der großzahligen Befragung wurde das Thema Nachhaltigkeit bereits im Rahmen eines CCM-Jahresthemas in einer umfangreichen qualitativen Studie in neun deutschen Konzernen untersucht (Band 80). Dieser Band der Schriftenreihe befasst sich nun, aufbauend auf den Ergebnissen der Studien, mit dem Thema Treibhausgasemissionen und damit, wie diese in Unternehmen gesteuert werden können, dem so genannten Carbon Accounting und Controlling. Ziel des Bandes ist es, Klarheit für Unternehmen bezüglich der in Politik und Gesellschaft herrschenden Unsicherheiten zu den Themen Klimawandel und den sich hierdurch für Unternehmen ergebenden Herausforderungen zu schaffen. Andere Nachhaltigkeitsthemen sind oft schwer greifbar und erfordern sehr spezifisches Fachwissen bezüglich der Prozesse, zu dem Nachhaltigkeitsverantwortliche einen direkteren Zugang besitzen als Controller. Die Zuordnung von Emissionen zu Produktionsstätten und ihre Zurechnung zu Produkten ist dagegen ein Feld, auf dem Controller aufgrund ihrer Kostenrechnungsexpertise einen unmittelbaren Zugang besitzen. Carbon Accounting und Controlling sind damit Aufgaben, derer sich das Controlling unmittelbar annehmen soll und muss.

Der vorliegende Band liefert zunächst Informationen zu Hintergründen und der Notwendigkeit für Unternehmen, sich mit dem Thema Treibhausgasemissionen zu befassen. Des Weiteren werden Ausprägungen eines Carbon Accountings und Controllings dargestellt. Um den unmittelbaren Praxisbezug herzustellen, konnten wir außerdem ein Unternehmen gewinnen, welches als Vorreiter auf diesem Gebiet gilt – Deutsche Post DHL. Als großer Verursacher von Treibhausgasemissionen hat sich Deutsche Post DHL bereits frühzeitig mit den Themen Carbon Accounting und Controlling auseinandergesetzt. In einem umfangreichen Praxisbeispiel wird dargestellt, wie der Implementierungsprozess aussehen kann und wo zukünftige Herausforderungen liegen. Besonders erfreulich aus unserer Sicht ist, dass wir mit Herrn Freigang und Herrn Dr. Hufschlag zwei Autoren aus dem Zentralbereich Konzerncontrolling von Deutsche Post DHL gewinnen konnten, die Ihnen einen tiefen Einblick in die Rolle des Controllings beim Implementierungs- und Steuerungsprozess liefern können.

Wir hoffen, dass dieser Band der AC-Schriftenreihe Ihnen ein fundiertes Urteil darüber ermöglicht, ob und wann sich Ihr Unternehmen intensiv mit dem Thema Carbon Accounting und Controlling auseinandersetzen muss und wünschen Ihnen eine erkenntnisreiche Lektüre.

Ihr Jürgen Weber

1 Einführung

Motivation und Ziel des Bandes

»Der Klimawandel ist die Mauer, die uns von unserer Zukunft trennt. Reißen Sie diese Mauer nieder!« (Michail Gorbatschow, 2009)

Der Klimawandel, den der ehemalige Präsident der Sowjetunion in seinem Appell an die Staats- und Regierungschefs der Teilnehmernationen der Klimakonferenz in Kopenhagen treffend als Mauer, die zwischen uns und unserer Zukunft steht, bezeichnete, stellt die Menschheit vor eine ihrer größten Herausforderungen. Erstmalig in ihrer Geschichte droht eine globale Katastrophe, deren Auswirkungen nicht kontrollierbar sind. Die Themen Klimawandel und Treibhausgasemissionen sind daher in den letzten Jahren verstärkt in den Blickpunkt von Politik und Öffentlichkeit gerückt. Der Druck auf Unternehmen, sich mit der Thematik zu beschäftigen, hat insbesondere in den letzten Jahren, unter anderem durch die Regulierung der Treibhausgasemissionen, stark zugenommen. Die Herausforderung für die Unternehmen wird darin bestehen, weiter zu wachsen, aber trotzdem gleichzeitig eine Senkung der Treibhausgasemissionen herbeizuführen. Diese Problematik sowie die sich aus der Regulierung ergebenden Kosten führen dazu, dass sich auch das Controlling mit der Thematik auseinandersetzen muss. Anhand eines Praxisbeispiels werden wir die Herausforderungen bei der Implementierung eines Carbon Accounting und Controlling Systems aus der Sicht des Controllings darstellen sowie weitere Herausforderungen für das Controlling diskutieren.

Struktur des Bandes

Der vorliegende Band gliedert sich in acht Kapitel. Nach dieser Einführung gehen wir im ersten Schritt auf den Klimawandel und die damit in Zusammenhang stehenden Treibhausgasemissionen ein. Im Kapitel 3 wird die Relevanz von Carbon Accounting und Carbon Controlling für den Unternehmenskontext hergeleitet. Hier werden Akteure, die maßgeblichen Einfluss auf die Relevanz von Carbon Accounting und Controlling im Unternehmen nehmen, dargestellt. Auf die konkrete Ausgestaltung eines Carbon Accounting und Controlling Systems gehen wir im Kapitel 4 ein. Hierbei zeigen wir zunächst die mögliche Breite beziehungsweise die Dimensionen des Carbon Accountings auf und erläutern anschließend die Intensität beziehungsweise Ausbaugrade des Controllings. Im fünften, sechsten und siebten Kapitel folgt das Praxisbeispiel von Deutsche Post DHL, das den Prozess des Carbon Accountings und Controllings sowie die Herausforderungen aus Controllingsicht darstellt. Der AC-Band schließt mit einer Zusammenfassung und einem Ausblick (Kapitel 8).

Überblick über die empirische Studie und das Unternehmensbeispiel

Dieser Band aus der Schriftenreihe »Advanced Controlling« basiert auf 23 Interviews, die im Zeitraum von April bis Dezember 2010 in neun deutschen Großunternehmen verschiedener Branchen durchgeführt wurden; acht der Unternehmen sind im DAX-30 gelistet. In diesen Unternehmen wurden jeweils der Leiter des Konzerncontrollings und der Nachhaltigkeitsverantwortliche befragt. In den Unternehmen, in denen ein Carbon Accounting System aufgebaut wird, haben wir auch den dafür Verantwortlichen interviewt. Dieser war entweder dem Controlling oder der Nachhaltigkeitsabteilung zugeordnet. Themen der Interviews waren unter anderem:

- Die Gründe für die Beschäftigung des Unternehmens mit Nachhaltigkeit,
- die Nachhaltigkeitsstrategie und die Nachhaltigkeitsziele des Unternehmens,
- die Organisation der Nachhaltigkeitsaktivitäten,
- die Steuerung und Informationsversorgung in Bezug auf Nachhaltigkeit sowie
- die Rolle des Controllings bei der Steuerung und Informationsversorgung.

Die Interviews boten Raum für eine individuelle Schwerpunktsetzung. So konnten wir auf die unterschiedlichen Perspektiven und Hintergründe der Interviewpartner eingehen. Die Interviews wurden anschließend umfangreich ausgewertet und bilden den empirischen Bezugspunkt für unsere konzeptionellen Überlegungen. Zusätzlich zu den Interviews wurden zahlreiche öffentlich verfügbare Quellen herangezogen. Außerdem freuen wir uns, dass wir mit Deutsche Post DHL ein Unternehmen gewinnen konnten, welches über sehr umfangreiche Erfahrungen im Bereich Carbon Accounting und Controlling verfügt.

Die in diesem Band dargestellten Ergebnisse beziehen sich, sofern nicht anders angegeben, auf die Ergebnisse unserer Studie und stellen keinen Anspruch auf Verallgemeinerbarkeit.

2 Klimawandel und Treibhausgasemissionen

Die Themen Klimawandel und Treibhausgasemissionen sind in der Politik und der Öffentlichkeit präsent. Durch die spürbaren Auswirkungen des Klimawandels, wie dem Ansteigen des Meeresspiegels oder dem Schmelzen der Polkappen, fühlen sich Politik und Gesellschaft zum Handeln verpflichtet. Der Fokus der gesellschaftlichen und politischen Diskussion liegt auf einer Senkung der den Klimawandel verursachenden Treibhausgasemissionen, insbesondere den CO_2-Emissionen. Seit Beginn der Industrialisierung Mitte des 19. Jahrhunderts haben sich die CO_2-Emissionen um das Hundertfünfzigfache erhöht, wodurch der CO_2-Gehalt der Atmosphäre um 35 Prozent gestiegen ist. Mit dem CO_2-Anstieg ging ein Temperaturanstieg von 0,76 °C einher (vergleiche Intergovernmental Panel on Climate Change 2007).

Auswertungen mehrerer Bohrproben in der Arktis und Antarktis haben zudem eine hohe Korrelation zwischen dem CO_2-Gehalt in der Atmosphäre und den weltweiten Durchschnittstemperaturen nachweisen können (vergleiche

Mit einer Erhöhung der Treibhausgasemissionen geht eine Erhöhung der Durchschnittstemperatur einher

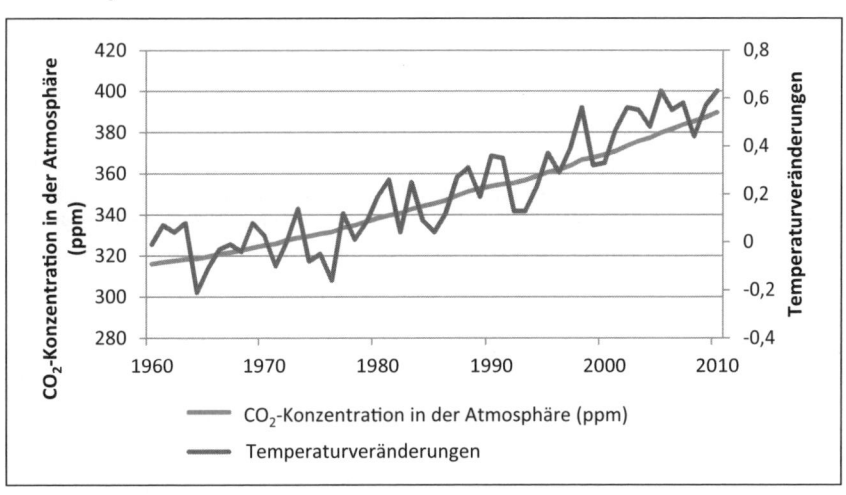

Abbildung 1: Zusammenhang zwischen CO_2- und Temperaturanstieg

Um die Folgekosten des Klimawandels zu reduzieren, haben sich die Staaten zu einem gemeinsamen Handeln entschlossen

Siegenthaler et al. 2005 und Petit et al. 1999). Abbildung 1 zeigt den Zusammenhang zwischen dem CO_2-Gehalt in der Atmosphäre und dem Temperaturanstieg der letzten fünf Jahrzehnte.[1]

Klimakonferenzen und Zielsetzungen

Um dem Klimawandel vorzubeugen, fand im Jahr 1992 in Rio de Janeiro erstmalig ein Umweltgipfel statt. Auf ihm wurde eine Erklärung verabschiedet, in der die Menschheit für den Klimawandel verantwortlich gemacht wird. Infolge dieser Erklärung, die bis heute von 194 Staaten unterschrieben wurde, wurden auf der Klimakonferenz in Kyoto im Jahr 1997 verbindliche Klimareduktionsziele für Industrienationen vereinbart. Die dort getroffene Übereinkunft sah vor, die jährlichen Treibhausgasemissionen der Industrieländer um 5,2 Prozent im Zeitraum zwischen 2008 und 2012 gegenüber dem Basisjahr 1990 zu senken.

Die im Kyoto-Protokoll vereinbarten Ziele sollen mit Hilfe von vier Mechanismen erreicht werden, die allesamt den Zweck haben, Treibhausgasemissionen dort einzusparen, wo dies am günstigsten ist. Der erste Mechanismus ist die *Lastenteilung* (Burden Sharing), wonach mehrere Länder ihre Reduktionsziele gemeinsam erreichen können. Gemäß dieser verpflichtet sich die Europäische Union (EU), ihre Treibhausgasemissionen bis 2012 um 8 Prozent unter das Niveau von 1990 zu senken. Im Zuge der späteren Lastenteilung innerhalb der EU hat sich Deutschland zu einer Reduktion um 21 Prozent verpflichtet (vergleiche Greiner/Aidt 2002).

Eine weitere vorgeschlagene Lösung stellen *Emissionshandelssysteme* dar. Jeder Akteur im Markt, der hiervon betroffen ist, muss Emissionszertifikate besitzen, die ihn zur Emission einer bestimmten Menge Treibhausgas berechtigen. Diese können zwischen den Akteuren frei gehandelt werden. Unternehmen mit hohen Emissionen müssen dementsprechend mehr Emissionszertifikate kaufen und sind deshalb gezwungen, ihre Emissionen einzuschränken. Die nächsten beiden Mechanismen geben Ländern oder Unternehmen die Möglichkeit, ihre Emissionen durch emissionssenkende Investitionen in anderen Ländern zu senken. *Joint Implementation* (JI) bezeichnet Gemeinschaftsprojekte zwischen Industrienationen, während *Clean Development Mechanism* (CDM) eine Zusammenarbeit zwischen einer Industrienation und einem Entwicklungsland bezeichnet (UNFCCC 1998).

Eine Einigung aller Staaten in Bezug auf Klimaschutzziele gelang erstmals im Jahr 2010 auf der Klimakonferenz in Cancun. Hier wurde eine Begrenzung des Temperaturanstiegs auf 2 °C im Vergleich zum vorindustriellen Zeitalter festgelegt. Gemäß eines Sondergutachtens des wissenschaftlichen Beirats der Bundesregierung aus dem Jahr 2008 ist hierzu eine Reduktion der weltweiten CO_2-Emissionen um 50–80 Prozent – in Bezug auf das Basisjahr 1990 – bis zum Jahr 2050 notwendig (vergleiche Wissenschaftlicher Beirat der Bundesregierung – Globale Umweltveränderungen 2008). Mit den Konsequenzen des Nicht-Han-

---

[1] Die Daten zur Temperaturveränderung stammen von der National Aeronautics and Space Administration (NASA); die CO_2-Daten von der National Oceanic and Atmospheric Administration (NOAA) auf Hawaii.

delns befasst sich der von der britischen Regierung im Jahr 2006 in Auftrag gegebene Stern Report. Demnach betragen die durch den Klimawandel verursachten langfristigen Kosten 5–20 Prozent des weltweiten Bruttoinlandproduktes, wohingegen die Vermeidungskosten lediglich ein Prozent des Bruttoinlandsproduktes betragen (vergleiche Stern 2006). Diese Zahlen verdeutlichen, dass ein Handeln aller Nationen zugleich notwendig wie wirtschaftlich sinnvoll ist, um unkontrollierbare Szenarien zu vermeiden.

Grundlagen zu Treibhausgasemissionen

Das bekannteste, für den Treibhauseffekt verantwortliche Gas ist CO_2. Darüber hinaus wurden jedoch auf der Klimakonferenz im japanischen Kyoto im Jahr 1997 fünf weitere Gase mit maßgeblichem Treibhauseffekt identifiziert. Entsprechend ihrer Klimaschädlichkeit können die Treibhausgase in CO_2-Äquivalente überführt werden (vergleiche Forster et al. 2007 sowie Abbildung 2).

Die Treibhausgasemissionen können in drei Kategorien eingeteilt werden. Unter *direkten Emissionen (Scope 1)* werden alle Emissionen zusammengefasst, die direkt im Unternehmen anfallen, wie zum Beispiel aus der unternehmenseigenen Kraft- und Brennstoffverbrennung. Unter *indirekten, energiegebundenen Emissionen (Scope 2)* werden alle Emissionen zusammengefasst, die aus fremdbezogener Energie, wie Strom oder Dampf, resultieren. Da diese bei den Energieunternehmen bereits als Scope 1 Emission anfallen, führt die Erfassung zu einer Doppelberechnung. Alle *anderen indirekten Emissionen* werden unter *Scope 3* zusammengefasst. Da Scope 3 Emissionen nicht genau definiert sind, besteht hier sehr großer Interpretationsspielraum für Unternehmen. Die am häufigsten erfassten Scope 3 Emissionen sind Emissionen durch Geschäftsreisen sowie Emissionen in der vor- und nachgelagerten Wertschöpfungskette. Ähnlich wie bei Scope 2 Emissionen kommt es auch hier zu einer Doppelverrechnung. Der *Company Carbon Footprint* ergibt sich aus der Addition der Scope 1 bis 3 Emissionen. Er stellt die wesentlichen Emissionsquellen

Treibhausgase können in CO_2-Äquivalente umgerechnet werden

	CO_2-Äquivalente
Kohlenstoffdioxid (CO_2)	1
Methan (CH_4)	25
Fluorkohlenwasserstoffe (HFKW/HFCs)	124 - 14.800
Perfluorierte Kohlenwasserstoffe (FKW/PFCs)	7390 - 12.200
Distickstoffoxid (Lachgas, N_2O)	298
Schwefelhexafluorid (SF_6)	22800

Abbildung 2: CO_2-Äquivalente für im Kyoto-Protokoll festgelegte Treibhausgase

Unternehmen müssen sich auch mit indirekten Emissionen auseinandersetzen, die sie nicht kontrollieren können

mit der entsprechenden Höhe der Umweltbelastung in Tonnen CO_2 beziehungsweise CO_2-Äquivalenten eines Unternehmens dar und wird von vielen Unternehmen im Rahmen der Berichterstattung veröffentlicht. In der folgenden Abbildung 3 ist eine Übersicht über die zu erfassenden Emissionsarten innerhalb eines Unternehmens dargestellt:

Scope 1 Emissionen	Scope 2 Emissionen	Scope 3 Emissionen
Direkte Emissionen, die durch das Unternehmen kontrolliert werden (owned and controlled)	**Indirekte** Emissionen (nicht kontrolliert) durch die Erzeugung von bezogener Energie, die physisch außerhalb des Unternehmens anfallen	Alle weiteren **indirekten** Emissionen (nicht kontrolliert), die durch die Aktivitäten und Prozesse eines Unternehmens verursacht werden
Stationäre Strom-, Wärme- und Dampferzeugung durch Kraftstoffverbrennung, Chemische und physikalische Produktionsprozesse, Transport von Materialien, Produkten, Abfall und Personen, Diffuse Emissionen (zum Beispiel durch Klimaanlagen)	Externe Stromerzeugung (Emissionen in Höhe des beim Erzeuger angefallenen Kohlendioxidausstoßes)	Produktion bezogener Rohstoffe/Materialen, Emissionen in Verbindung mit Leasing, Franchise und Outsourcing, Transportleistungen durch Externe (zum Beispiel Geschäftsreisen), Benutzung der Produkte (zum Beispiel Kraftstoff bei PKWs), Entsorgung der Produkte
Ausweis erforderlich	Ausweis erforderlich	Ausweis optional

Abbildung 3: Übersicht über die für Unternehmen relevanten Emissionsarten

3 Relevanz von Treibhausgasemissionen

Wichtige Akteure in Bezug auf Treibhausgasemissionen

Im folgenden Abschnitt soll die Frage beantwortet werden, inwieweit Unternehmen von Treibhausgasemissionen und den damit verbundenen Konsequenzen betroffen sind. Im Laufe unserer Studie konnten wir vier Akteure identifizieren, die entscheidenden Einfluss auf die Betroffenheit der Unternehmen haben (vergleiche Abbildung 4).

Politik/Regulierung

Der regulatorische Druck für die Unternehmen, sich mit Treibhausgasemissionen zu befassen, lässt sich im Wesentlichen auf die Ergebnisse der Klimakonferenz in Kyoto zurückführen. Die Emissionsziele der Europäischen Union sollen unter anderem mittels eines europäischen Emissionshandelssystems (EU ETS) umgesetzt werden und wurden von der EU in der europäischen Emissionshandelsrichtlinie erlassen. Der bereits angesprochene Grundgedanke von EU ETS besteht darin, Emissionseinsparungen dort vorzunehmen, wo dies am kostengünstigsten möglich ist. Seit 2005 müssen Unternehmen für alle entstehenden Emissionen, die von EU ETS betroffen sind, Emissionszertifikate vorweisen können. Der Einflussbereich von EU ETS erstreckt sich derzeit auf die 27 Staaten der Europäischen Union sowie Island, Liechtenstein und Norwegen. Insgesamt sind durch EU ETS 11 000 Industrieanlagen betroffen, was ca. 50 Prozent der CO_2-Emissionen der EU und ca. 40 Prozent der gesamten eu-

Die Notwendigkeit für Unternehmen, sich mit Treibhausgasemissionen zu beschäftigen, wird wesentlich durch externe Akteure beeinflusst

Abbildung 4: Wichtige Akteure in Bezug auf Treibhausgasemissionen

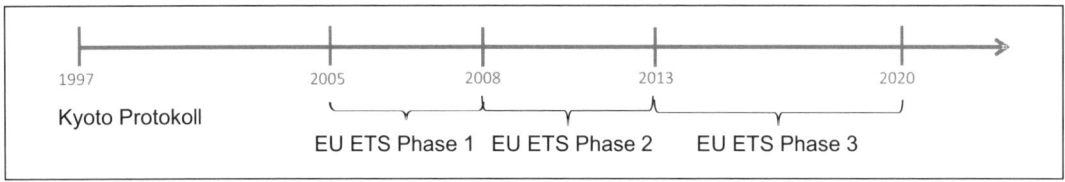

Abbildung 5: Übersicht über die Phasen des europäischen Emissionshandelssystems (EU ETS)

ropäischen Treibhausgasemissionen abdeckt. Derzeit werden durch EU ETS CO_2- und Lachgas (NO_2)-Emissionen abgedeckt. Letzteres wird jedoch nicht überall, sondern nur bei bestimmten Prozessen erfasst. In der Pilotphase von EU ETS, die von 2005 bis 2008 dauerte, wurden nahezu alle Zertifikate unentgeltlich an die Unternehmen abgegeben. In Phase zwei, die im nächsten Jahr endet, werden die verfügbaren Zertifikate und der Anteil der Gratiszertifikate verringert. Seit 2008 besteht zudem die Möglichkeit, fehlende Zertifikate durch klimabezogene Investitionen in Entwicklungsländern (CDM) oder in anderen Industrienationen (JI) auszugleichen (vergleiche zu den Abkürzungen nochmals S. 12). Dies soll verhindern, dass durch den Zertifikatehandel Wachstumsbeschränkungen für Unternehmen entstehen. Die dritte Phase von EU ETS läuft von 2013 bis 2020 (vergleiche Abbildung 5).

Bis zum Jahr 2020 ist geplant, die Menge der verfügbaren Zertifikate sukzessive bis auf 79 Prozent der ursprünglich im Jahr 2005 verfügbaren Zertifikate zu reduzieren. Das ursprüngliche Ziel, bis zu diesem Zeitpunkt alle verfügbaren Zertifikate zu versteigern, kann voraussichtlich nicht eingehalten werden. Derzeit ist geplant, diese Quote erst 2027 zu erreichen.

Bis 2012 waren nur Unternehmen von EU ETS betroffen, die Industrieanlagen betreiben, deren Leistung 20 Megawatt übersteigt. Seit dem Jahr 2012 wurde erstmalig auch der Flugverkehr in den Emissionshandel miteinbezogen. Demnach müssen für alle Flüge, die innerhalb des Einflussbereiches von EU ETS starten oder landen, Emissionszertifikate vorliegen (vergleiche Europäische Kommission 2009).

Neben den rein regulatorischen Aspekten besteht auch aus Kostengesichtspunkten Druck auf die Unternehmen, sich mit der Erfassung und Steuerung von Treibhausgasemissionen zu befassen. Wie in Abbildung 6 ersichtlich, beträgt der Preis für eine Tonne CO_2 an der European Energy Exchange (EEX) derzeit etwa 7 Euro (vergleiche European Energy Exchange (EEX) 2012).

Es wird allgemein erwartet, dass der Preis für ein Zertifikat bis zum Jahr 2020 auf mindestens 30 Euro steigen wird. Die Deutsche Lufthansa AG rechnet zum Beispiel mit jährlichen Belastungen zwischen 130 und 300 Millionen Euro (vergleiche Deutsche Lufthansa AG 2011).

Durch den geringen Preis und die hohe Anzahl von Gratiszertifikaten sind derzeit nur wenige Unternehmen spürbar von EU ETS betroffen. In Zukunft wird der Wirkungsbereich von EU

Durch EU ETS sind Unternehmen gezwungen, ihre Emissionen zu erfassen und zu berichten

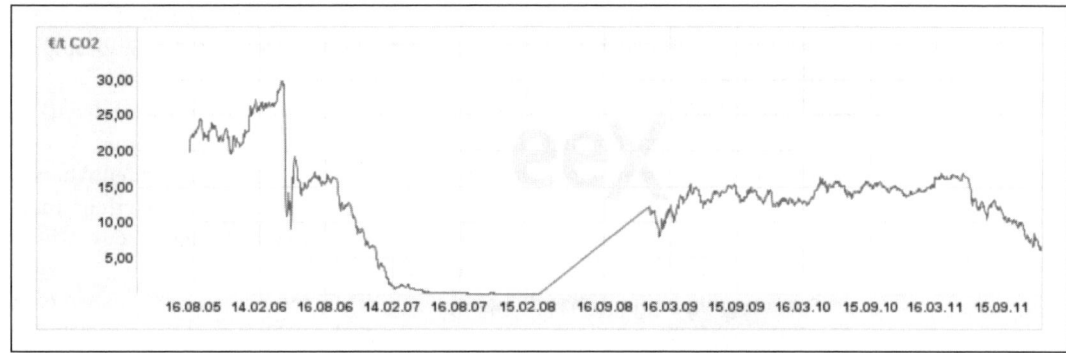

Abbildung 6: Preisentwicklung eines Zertifikates für eine Tonne CO_2 seit Handelsbeginn 2005

ETS sowie die Verbindlichkeit der hierdurch gesetzten Emissionsreduktionsziele aber weiter ausgedehnt.

Kunden

Neben den gesetzlichen Anforderungen spielen Kundenbedürfnisse eine große Rolle. Aufgrund der hohen Medienpräsenz der Themen Klimawandel und Treibhausgasemissionen achten mehr und mehr Verbraucher auf die Emissionen der Produkte, was wiederum auf die Unternehmen Druck ausübt, Transparenz bezüglich der Emissionen ihrer Produkte zu schaffen. Um den gestiegenen Kundenanforderungen gerecht zu werden, informiert eine zunehmende Zahl von Unternehmen über die Emissionen ihrer Produkte auf den Produktverpackungen oder setzt sich mit Product Carbon Footprints auseinander, um die Emissionen ihrer Produkte wirkungsvoll steuern zu können.

Laut einer Studie der Johannes Gutenberg Universität Mainz fordern Verbraucher CO_2-neutrale Produkte und besitzen zudem eine höhere Zahlungsbereitschaft für CO_2-neutrale beziehungsweise CO_2-effiziente Produkte (vergleiche Center of Market Oriented Product and Production Management (CMPP) der Johannes Gutenberg Universität Mainz 2008):

- 90 Prozent der Verbraucher wollen in Zukunft CO_2-neutrale Produkte kaufen,
- 55 Prozent der Verbraucher würden, sofern es ein entsprechendes Angebot gibt, einen höheren Preis für Produkte oder Dienstleistungen bezahlen und auch nur für den Kauf in Betracht ziehen,
- 44 Prozent der Verbraucher würden nur diejenigen Marken bevorzugen, die Maßnahmen eingeleitet haben, die zu einer Verringerung des Kohlenstoffdioxidausstoßes führen,
- 70 Prozent der Verbraucher wären bereit, einen entsprechenden Aufpreis für eine Flugreise zu bezahlen, um sich von einer Erhöhung des CO_2-Ausstoßes quasi freizukaufen.

Wie die obigen Zahlen verdeutlichen, führt das gestiegene Interesse von Verbrauchern an den Emissionen der Produkte nicht nur zu Nachteilen für die

Verbraucher verlangen emissionsarme Produkte und sind bereit, für diese zu bezahlen

Die Weitergabe des Drucks an Lieferanten führt aufgrund der verflochtenen Lieferbeziehungen zwischen den Unternehmen zu einem »Schneeballeffekt«

Durch Carbon Accounting und Controlling entsteht Marktpotenzial für die Unternehmen

Unternehmen. Neben dem Druck für Unternehmen, möglichst emissionsarme Produkte herzustellen, ergibt sich auch Marktpotenzial, das aus zwei verschiedenen Arten von Produkten entstehen kann: Zum einen sind dies Produkte aus emissionsarmer Produktion, zum anderen solche, die emissionseinsparend in der Anwendung sind beziehungsweise durch ihre Anwendung helfen, Emissionen zu reduzieren.

Ein Beispiel, wie durch die Leistungserstellung Marktpotenzial entsteht, sind Flugreisen oder Postdienstleistungen, bei denen die anfallenden Treibhausgasemissionen kompensiert werden. Durch den Einsatz regenerativer Energien oder einer Kompensation der angefallenen Emissionen können diese Dienstleistungen emissionsneutral angeboten werden.

Weiterhin entsteht Marktpotenzial auch durch die Möglichkeit der Herstellung von in der Nutzung emissionssparenden Produkten. Verbraucher können – im Vergleich zu herkömmlichen Produkten – durch die Verwendung der Produkte Emissionen einsparen, was oftmals mit sinkenden Energiekosten einhergeht. Ein Beispiel hierfür sind Waschmittel, die bei niedrigeren Temperaturen die gleiche Waschwirkung aufweisen. Kunden sind dementsprechend bereit, mehr für die Produkte zu bezahlen, da diese durch die eingesparte Energie die höheren Kosten über ihre Nutzungsdauer amortisieren. Die Ergebnisse unserer Studie zeigen zudem, dass Emissionen einen relevanten Wettbewerbsvorteil beim Kampf um Marktanteile darstellen. Des Weiteren hat unsere Studie gezeigt, dass viele Unternehmen beim Thema Emissionen noch am Anfang stehen

und daher Wettbewerbsvorteile für Unternehmen entstehen, die diesbezüglich eine Vorreiterrolle einnehmen.

Um das Marktpotenzial nutzen zu können, müssen Unternehmen Vorreiter in Bezug auf Emissionsreduktionen sein, was die für den Markterfolg unabdingbare Glaubwürdigkeit des Unternehmens erhöht.

Auf Unternehmen wirkt, neben dem Druck durch Verbraucher, zusätzlich der Druck durch Geschäftskunden. Da Unternehmen die Emissionen der vorgelagerten Wertschöpfungskette in Form von Scope 3 Emissionen zugerechnet werden, üben Geschäftskunden Druck auf ihre Lieferanten aus, dass diese Transparenz bezüglich ihrer Emissionen schaffen und diese niedrig halten. Selbst wenn die Geschäftskunden noch nicht unmittelbar von einer Berichtspflicht betroffen sind, antizipieren sie den Druck, den sie von ihren Stakeholdern zukünftig erwarten. Diesen geben sie an ihre Lieferanten weiter, indem sie Transparenz über Emissionen und emissionsarme Produkte fordern. Insgesamt führt dieses Verhalten der Unternehmen zu einem Schneeballeffekt in der Wertschöpfungskette.

Durch das Bedürfnis von Geschäftskunden, ihre eigenen Emissionen niedrig zu halten, entsteht also neues Marktpotenzial für Unternehmen. Dies betrifft auch Produkte zur Prozessoptimierung oder zur Effizienzsteigerung. Gemäß einer Studie der Global e-Sustainability Initiative (GeSI) aus dem Jahr 2008 besteht für Unternehmen der IT- und Telekommunikationsbranche Marktpotenzial in Zusammenhang mit CO_2 in Höhe von 84 Milliarden Euro bis zum Jahr 2020, der Großteil davon für Lösungen zur CO_2 Einsparung bei Gebäuden, Stromnetzen und in der Logistik (Smart Building, Smart Logistics und Smart Grid). Des Weiteren besteht Marktpotenzial für Software, die Unternehmen dabei unterstützt, ihre Emissionen zu erfassen beziehungsweise zu steuern, zum Beispiel »Carbon Impact« der SAP AG. Da viele Unternehmen sich noch in der Aufbauphase eines Carbon Accountings und Controllings befinden, besteht hier Marktpotenzial für Vorreiterunternehmen, die bereits entsprechende Software entwickelt und erprobt haben. Sie können damit ihre Produkte glaubwürdiger verkaufen.

Ob für die Unternehmen eher Risiken oder eher Chancen durch die geänderten Kundenbedürfnisse entstehen, hängt stark vom Geschäftsmodell ab. Es ist jedoch festzuhalten, dass alle Unternehmen, die eine Vorreiterrolle bezüglich Transparenz und Senkung ihrer Emissionen einnehmen, derzeit Wettbewerbsvorteile erzielen können.

Investoren

Treibhausgasemissionen der Unternehmen rücken immer stärker in das Blickfeld von Investoren, die verstärkt Transparenz bezüglich Emissionen und deren Konsequenzen für die Unternehmen fordern, um verbundene Chancen und Risiken zu erfassen. Eine solche Berichterstattung berücksichtigt primär die Leistungserstellung, da hier Emissionen unmittelbar mit Kosten in Bezug gesetzt werden können, während Chancen durch Imagegewinne aufgrund von verringerten Emissionen schwieriger zu erfassen und zu bewerten sind. Risiken resultieren unter anderem aus den Kosten durch EU ETS oder aus Wachstumsbeschränkungen aufgrund von Emissionsvorgaben. Unternehmen reagieren darauf, indem sie die Emissionen immer häufiger in ihren Geschäftsberichten aufführen.

Die bekannteste Investorenvereinigung, die die Berichterstattung von Emissionen fordert, ist das Carbon Disclosure Project (CDP). Die Organisation ist ein Zusammenschluss von 500 institutionellen Anlegern, die insgesamt 64 Billionen US-Dollar Anlagevermögen verwalten. Damit ist sie die weltweit größte Kapitalmarktinitiative zum Klimaschutz. Insgesamt nehmen 2 400 Unternehmen an der Befragung teil, unter anderem 97 Prozent der DAX-30 Unternehmen. An die Unternehmen wird jährlich ein Fragebogen verschickt, der im Wesentlichen fünf Themengebiete abdeckt:

- zuständige Abteilung und Personen für klimarelevante Fragestellungen im Unternehmen,
- in Zusammenhang mit dem Klimawandel bestehende Chancen und Risiken für das Unternehmen,
- Unternehmensstrategie in Bezug auf den Umgang mit Chancen und Risiken sowie die Strategie in Bezug auf die Zielsetzung und Zielerreichung,
- Darstellung der Emissionen, Energie und des Treibstoffs sowie die Betroffenheit durch Emissionshandelssysteme,
- Informationen zur externen, klimarelevanten Kommunikation.

Aus den Antworten der Unternehmen werden zum einen der Carbon Disclosure Leadership Index (CDLI) und zum anderen der Carbon Performance

Investoren üben Druck auf Unternehmen aus, Transparenz bezüglich ihrer Emissionen zu schaffen

Unternehmen mit hoher Transparenz bezüglich Emissionen haben eine höhere Aktienperformance

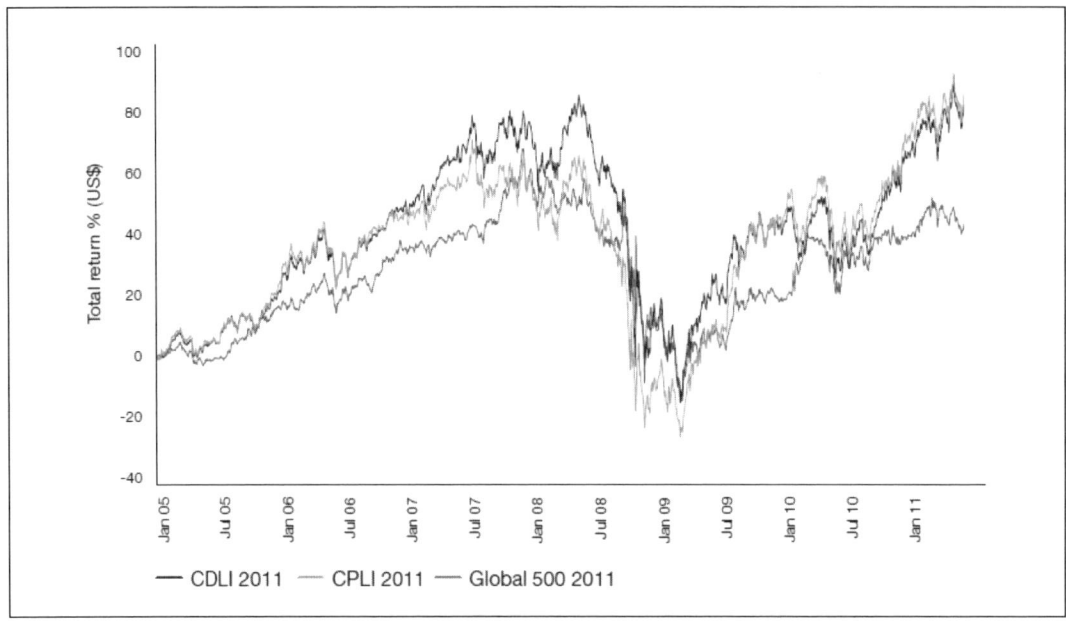

Abbildung 7: Performanceentwicklung der Indizes des Carbon Disclosure Projects

Leadership Index (CPLI) erstellt. Im CDLI werden die Unternehmen mit den höchsten Werten bezüglich der Transparenz hinsichtlich Emissionen erfasst, während im CPLI Unternehmen erfasst werden, die in punkto Berichterstattung zum Thema Emissionen am besten in ihrer Branche abgeschnitten haben – die so genannten Sector Leaders. Wie aus Abbildung 7 ersichtlich wird, haben Unternehmen, die bezüglich Berichterstattung und Transparenz führend sind, eine höhere Aktienperformance erreicht als die 500 weltweit größten Unternehmen (vergleiche Carbon Disclosure Project 2011a; Carbon Disclosure Project 2011b).

Langfristige Investoren treiben das Thema Emissionsreduktion

Neben dem Druck, der durch Investoren auf die Unternehmen ausgeübt wird, konnten wir in unserer Studie auch beobachten, dass Unternehmen von innen heraus zur Nachhaltigkeit beziehungsweise zu einer Auseinandersetzung mit der Emissionsproblematik getrieben wurden. Unternehmen, die im Besitz langfristig orientierter Investoren mit hinreichend großem Anteil sind, befinden sich in Bezug auf Carbon Accounting und Controlling auf einer höheren Entwicklungsstufe als Unternehmen ohne einflussreiche, langfristig orientierte Investoren. Der Grund hierfür liegt darin, dass Nachhaltigkeitsmaßnahmen, wie zum Beispiel eine Senkung der Emissionen, einen längerfristigen Amortisierungszeitraum besitzen. Aus diesem Grund sind langfristige Investoren eher bereit, Investitionen, die langfristig zu einer Rendite führen, zu tätigen als kurzfristige Investoren (so genannte »Heuschrecken«).

Der Druck, den Investoren auf Unternehmen ausüben, sich mit Emissionsberichterstattung und -reduktion zu befassen, ist schließlich stark abhängig von der Höhe der Emissionen eines Unternehmens: Hohe Emissionen führen zum einen zu hohen Risiken, wie zum Beispiel Wachstumsbeschränkungen, und zum anderen zu hohen Kosten durch EU ETS.

Nichtregierungsorganisationen

Die letzten wichtigen Akteure, die innerhalb unserer Untersuchung identifiziert werden konnten, sind Nichtregierungsorganisationen (NGOs). Die Partizipation von NGOs an der klimapolitischen Debatte führt für die Unternehmen zum einen zu Risiken, zum anderen bieten sich durch die Beteiligung aber auch Chancen.

»NGOs sind Akteure, die durch zivilgesellschaftliche Initiativen zustande gekommen sind. Sie verfolgen nicht-Profit-orientierte Ziele und setzen sich aus zivilen Personen oder Organisationen zusammen. Dennoch haben sie keine staatlichen Mitglieder und stehen auch nicht unter der Kontrolle von Regierungen. Sie haben eine organisatorische Struktur wie zum Beispiel einen Hauptsitz, eine Satzung oder einen festen Stab von Mitarbeitern.« (Vergleiche NGO-Communications 2012)

Die öffentliche Meinung zum Thema Treibhausgasemissionen ist sehr wichtig für Unternehmen. So wurde aufgrund der hohen Emissionen des Flugverkehrs dazu aufgerufen, gänzlich auf Flugreisen zu verzichten. Diese oder ähnliche Stimmungsbilder stellen eine potenzielle Bedrohung für das Geschäftsmodell der Unternehmen dar. NGOs bilden durch die aktive Beteiligung an der Klimadiskussion ein Gegengewicht zur Lobbyarbeit von Unternehmen, die versuchen, strengere Regulierung zu verhindern. Zum Klimagipfel im Jahr 2010 in Cancun wurde eine Petition mehrerer NGOs eingereicht, die die Staatengemeinschaft zu entschlossenerem Handeln aufforderte. Investorenvereinigungen, wie zum Beispiel das CDP, möchten Druck auf Unternehmen aufbauen, damit diese ihre Emissionen berichten und Maßnahmen zur Senkung ergreifen. NGOs wirken durch ihre Beteiligung an der klimapolitischen Diskussion folglich als Initiator und/oder Verstärker des Drucks auf Unternehmen.

Neben den Risiken ergeben sich durch NGOs jedoch auch Chancen. Die von NGOs vorangetriebene Standardisierung bietet Unternehmen so die Möglichkeit einer einheitlichen und damit vergleichbaren Erfassung von Emissionen.

Angesichts einer schwer zu überblickenden Vielzahl von NGOs, die die unterschiedlichsten Ziele verfolgen, wollen wir im Folgenden nur auf die für deutsche Großunternehmen wichtigsten NGOs in Bezug auf Emissionen eingehen.

Im Jahr 2004 wurde vom World Business Council for Sustainable Development (einer Organisation, der rund 200 internationale Unternehmen angehören) und dem World Resources Institute die *Greenhouse Gas (GHG)-Protokoll Initiative* gegründet. Damit wurde erstmals ein weltweit beachteter, einheitlicher Standard für die Erfassung und Berichterstattung von Emissionen geschaffen. Dieser diente auch als Vorlage für den ISO Standard 14064, der im Jahr 2011 erstmals in deutscher Sprache veröffentlicht wurde. In der jährlichen Unternehmensbefra-

Maßgeblich für das Carbon Accounting und Controlling sind die Standards des GHG-Protokolls und der ISO Standard 14064

Sowohl die Leistungserstellung als auch das Marktpotenzial sind durch den Druck wichtiger externer Akteure betroffen

gung durch das CDP wurde die Häufigkeit der verwendeten Standards untersucht. Demnach benutzen die Unternehmen am häufigsten die Standards des GHG-Protokolls, noch vor dem ISO Standard 14064 (vergleiche CDP 2011).

Die 1997 gegründete *Global Reporting Initiative* (GRI) ist eine Plattform für den Austausch zum Thema Nachhaltigkeitsreporting. Von ihr werden die GRI Standards herausgegeben, die als Grundlage für die Nachhaltigkeitsberichterstattung der Unternehmen dienen. In Bezug auf Emissionen wird zum Beispiel empfohlen, die sechs im Kyoto-Protokoll festgelegten Treibhausgase zu berichten.

Eine weitere Initiative ist das, unter anderem vom World Wide Fund For Nature und Öko-Institut konzipierte und initiierte *Product Carbon Footprint Pilotprojekt*. Ziel des Projektes war es, Potenziale zur Emissionsreduktion zu identifizieren sowie Transparenz in der Wertschöpfungskette hinsichtlich der Treibhausgasemissionen zu schaffen. Bei dem Projekt wurden ausgewählte Produkte (zum Beispiel Waschmittel oder Toilettenpapier) hinsichtlich ihrer Emissionen bewertet. Hierbei wurden die gesamte Wertschöpfungskette und alle Emissionen, die beim Gebrauch und bei der Verwertung der Produkte anfallen, berücksichtigt.

NGOs treiben die Standardisierung des Carbon Accountings und Controllings voran

Wie dargestellt, sind NGOs wichtige Akteure, die zum einen Druck auf Unternehmen ausüben und zum anderen Unternehmen die Möglichkeit für den Austausch zum Thema Klimawandel und Emissionen geben. Da sich NGOs auf öffentlichkeitswirksame Unternehmen mit hohen Emissionen konzentrieren, ist die Betroffenheit der Unternehmen stark branchen- und größenabhängig.

Betroffenheit der Leistungserstellung und des Marktpotenzials

An dieser Stelle ist klar, woher der Druck für die Unternehmen, sich mit der Thematik zu befassen, kommt. Im Folgenden wollen wir nun kurz darauf eingehen, wie sich der Druck auf die Unternehmen auswirkt.

Regulatorischer Druck

Unternehmen sind durch den Staat gezwungen, ihre Emissionen zu berichten und insbesondere aufgrund der durch EU ETS entstehenden Kosten auch angehalten, diese zu steuern und zu senken. Derzeit ist durch EU ETS nur die Leistungserstellung unmittelbar betroffen. Marktpotenzial entsteht ausschließlich indirekt über geänderte Bedürfnisse von Geschäftskunden, die ebenfalls durch EU ETS betroffen sind. Sobald Unternehmen unter die Regulierung von EU ETS fallen, müssen sie ihre Emissionen entsprechend den Vorgaben erfassen und ein Carbon Accounting System aufbauen.

Kundendruck

Sowohl Privat- als auch Geschäftskunden legen verstärkt Wert auf eine emissionsarme Herstellung der Produkte. Dieser Druck bezieht sich auf die Leistungserstellung der Unternehmen; allerdings kann durch die emissionseffiziente Herstellung von Produkten auch Marktpotenzial entstehen. Des Weiteren besteht Marktpotenzial für die Unternehmen, die Produkte herstellen, die bei ihren Kunden Emissionen einsparen.

Investorendruck

Der Druck, den Investoren auf Unternehmen ausüben, Transparenz bezüglich ihrer Emissionen zu schaffen und diese zu senken, betrifft primär die Leistungserstellung. Hier sind insbesondere Unternehmen mit hohen Emissionen beziehungsweise mit hohen Risiken durch Wachstumsbeschränkungen betroffen.

Durch Investoren mit einer langfristigen Zielfunktion können Unternehmen durch die Erfassung beziehungsweise Steuerung von Emissionen Wettbewerbsvorteile erlangen, was positiv auf das Marktpotenzial wirkt.

Nichtregierungsorganisationen

NGOs üben Druck auf Unternehmen aus, damit diese Transparenz bezüglich ihrer Emissionen schaffen beziehungsweise diese senken. Dieser Druck wirkt primär auf die Leistungserstellung; Unternehmen können durch die Zusammenarbeit mit NGOs lediglich ein besseres Image in Marktpotenzial umsetzen. NGOs wählen öffentlichkeitswirksame Unternehmen mit hohen Emissionen, um eine größtmögliche Aufmerksamkeit zu erreichen sowie an den »größten Hebeln« anzusetzen.

Auswirkungen der Betroffenheit auf die Unternehmen

Gemäß der Intensität der Betroffenheit des Marktpotenzials und der Leistungserstellung lassen sich vier Gruppen von Unternehmen bilden, die sich in der Art der Betroffenheit unterscheiden (vergleiche Abbildung 8).

In Gruppe eins befinden sich Unternehmen mit einer geringen Betroffenheit der Leistungserstellung und des Marktpotenzials. Diese Unternehmen zeichnen sich zum einen durch geringe direkte Emissionen aus, zum anderen haben sie kaum Möglichkeiten, Produkte herzustellen, die bei ihren Kunden Emissionen reduzieren. Demzufolge stehen diese Unternehmen nicht im Fokus der in den vorangegangenen Abschnitten vorgestellten Akteure. In diese

Die Betroffenheit des Marktpotenzials und der Leistungserstellung ist abhängig von dem Druck der wichtigen Akteure

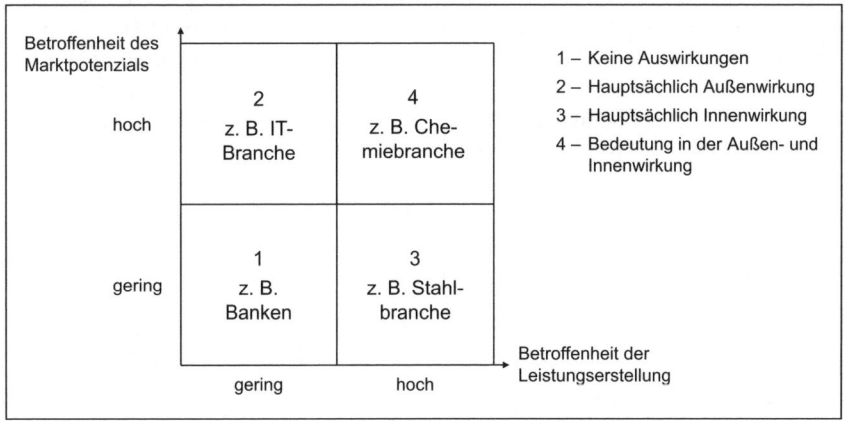

Abbildung 8: Matrix zur Betroffenheit des Marktpotenzials und der Leistungserstellung

Die Ausgestaltung eines Carbon Accounting und Controlling Systems ist abhängig von der Betroffenheit eines Unternehmens

Gruppe lassen sich beispielsweise Unternehmen aus der Finanz- oder Versicherungsbranche einordnen.

Die Unternehmen in Gruppe zwei, im linken oberen Quadranten, zeichnen sich durch ein hohes Marktpotenzial in Bezug auf Lösungen zur Emissionsreduktion aus, während die Betroffenheit auf der Seite der Leistungserstellung aufgrund geringer Emissionen eher gering ausfällt. Für diese Unternehmen ist eine Erfassung der Emissionen primär zur Erfüllung einer Vorbildfunktion wichtig, um die eigenen Produkte glaubwürdig verkaufen zu können. Das Senken und Erfassen von Emissionen dient demzufolge primär der Außenwirkung und wird intensiv gegenüber Kunden kommuniziert. In diese Gruppe lassen sich Unternehmen aus der IT- und Telekommunikationsbranche einordnen.

Die Unternehmen in der Gruppe drei, im rechten unteren Quadranten, sind aufgrund ihrer hohen Emissionen durch die regulatorischen Anforderungen einem hohen finanziellen Druck ausgesetzt. In Bezug auf das Marktpotenzial besteht bei diesen Unternehmen eher eine geringe Betroffenheit. Jedoch geht eine Reduktion der Emissionen in der Produktion häufig mit besseren Absatzchancen der Produkte einher, was wiederum eine Betroffenheit des Marktpotenzials darstellt. In diese Gruppe können beispielsweise Stahlproduzenten eingeordnet werden. Diese Unternehmen haben sehr hohe direkte Emissionen, sind in hohem Maße durch EU ETS betroffen und besitzen wenig Marktpotenzial durch eine emissionsarme Produktion.

In Gruppe vier, im rechten oberen Quadranten, werden Unternehmen eingeordnet, die sich sowohl durch eine hohe Betroffenheit des Marktpotenzials als auch der Leistungserstellung auszeichnen. Die Unternehmen fallen direkt oder indirekt unter die Regulierung des EU ETS und sehen sich hierdurch Kosten ausgesetzt. Darüber hinaus besteht durch die angebotenen Produkte beziehungsweise durch das vorhandene Innovationspotenzial zusätzlich eine hohe Betroffenheit des Marktpotenzials. Durch die gleichzeitige Betroffenheit beider Dimensionen besteht eine hohe Komplexität bezüglich der Erfassung und Steuerung der Emissionen. Beispiele für Unternehmen, die sich in diese Gruppe einsortieren lassen, sind Unternehmen aus der Chemiebranche.

Unsere Untersuchung hat gezeigt, dass Unternehmen in Abhängigkeit von dem Druck, der auf sie durch verschiedene Akteure ausgeübt wird, unterschiedlich durch den Klimawandel und die damit zusammenhängende Notwendigkeit zur Emissionsberichterstattung und Emissionsreduktion betroffen sind. In den folgenden Abschnitten gehen wir darauf ein, wie ein Carbon Accounting und Controlling in Abhängigkeit der jeweiligen Betroffenheit des Unternehmens konkret ausgestaltet werden kann.

4 Carbon Accounting und Controlling

Grundlagen zu Carbon Accounting und Controlling

Die Klimadebatte und die damit verbundene Notwendigkeit zur CO_2-Reduktion gewinnen aufgrund der zuvor genannten Gründe zunehmend an Bedeutung und spiegeln sich in der Implementierung von Carbon Accounting und Controlling Systemen in den Unternehmen wider. Ein einheitliches Verständnis von Carbon Accounting und Controlling liegt derzeit noch nicht vor; dies kann aufgrund der erst in jüngster Zeit entstandenen Aufmerksamkeit auch nicht erwartet werden. Laut Günther und Stechemesser (2010) kann im Wesentlichen zwischen einer reinen Erfassung der Emissionen als physikalische Größe (Carbon Accounting) und deren zusätzlicher monetärer oder nicht-monetärer Bewertung (Carbon Controlling) unterschieden werden.

Carbon Accounting

Wie bereits erläutert, umfasst Carbon Accounting die Gewinnung nötiger Informationen zur Erfassung der CO_2-Emissionen. Hierunter fallen laut Eitelwein und Goretzki (2010) zum einen die Messung und Verteilung der CO_2-Werte auf Produkte, Dienstleistungen oder Organisationseinheiten, zum anderen aber auch entsprechende Soll-Ist-Vergleiche. Schmidt (2010) erklärt weiter, dass unter Carbon Accounting die Bilanzierung der Emission von Treibhausgasen verstanden wird, die auf verschiedene Bilanzierungsobjekte bezogen sein kann. Eine mögliche Abbildung dieser verschiedenen Bilanzierungsobjekte ist in den von dem Beratungsunternehmen CTcon GmbH entwickelten und von Eitelwein und Goretzki (2010) vorgestellten Dimensionen des Carbon Accountings zu finden, die in der Konzeption eines Carbon Accounting Systems betrachtet werden sollten. Diese umfassen abgedeckte Emissionsquellen, betrachtete Phasen des Produktlebens, berücksichtigte Emissionsarten, Objekte mit CO_2-Footprint und betrachtete Teilnehmer der Wertschöpfungskette (siehe Abbildung 9).

Carbon Controlling

Neben dem Carbon Accounting spielt, wie bereits angedeutet, das Carbon Controlling eine bedeutende Rolle. Hier geht es laut Eitelwein und Goretzki (2010) vorrangig um die Verwendung der erfassten CO_2-Emissionen im Rahmen von Carbon Target Setting (Informationsgewinnung, direkte und indi-

Die Implementierung eines Carbon Accountings zur Erfassung von Emissionen gewinnt zunehmend an Bedeutung

Die Steuerung der Emissionen erfolgt im Rahmen eines Carbon Controlling Systems

rekte Messung, Allokation auf Produkte und Dienstleistungen), Carbon Planning (Definition der Baseline, Quantifizierung der Ziele, Kaskadierung innerhalb der Organisation) und Carbon Reporting (Breite und Tiefe, Empfänger, Systemunterstützung). Folgt man der Definition von Günther und Stechemesser (2010), nach der Carbon Controlling die »monetäre und/oder nicht-monetäre Bewertung [der Emissionen] mit dem Ziel der externen Rechnungslegung, der Berichterstattung sowie der Steuerung beziehungsweise Entscheidungsfindung« ist, so stellt Carbon Controlling die Weiterentwicklung eines reinen Carbon Accountings dar. Erfassung und Berichterstattung sind zwar Bestandteile des Carbon Controllings, nicht jedoch das übergeordnete Ziel. Vielmehr ist Carbon Controlling darauf gerichtet, die Steuerung der Emissionen durch eine Integration des Carbon Accountings in den Regelsteuerungsprozess des Unternehmens zu übernehmen. Der Entwicklungsstand des Carbon Controllings lässt sich daher besonders gut anhand von Ausbaugraden abbilden: Auf der niedrigsten Ausbaustufe umfasst es lediglich die Erfassung und Berichterstattung der Emissionen ohne gezielte Steuerung, auf der zweiten Stufe findet zusätzlich eine selektive Steuerung einzelner Kennzahlen oder strategischer Fokusfelder statt und auf der letzten Ausbaustufe ist das Carbon Accounting fest in den Regelsteuerungsprozess integriert, sodass Emissionen als integraler Bestandteil der Unternehmenssteuerung behandelt und verstanden werden.

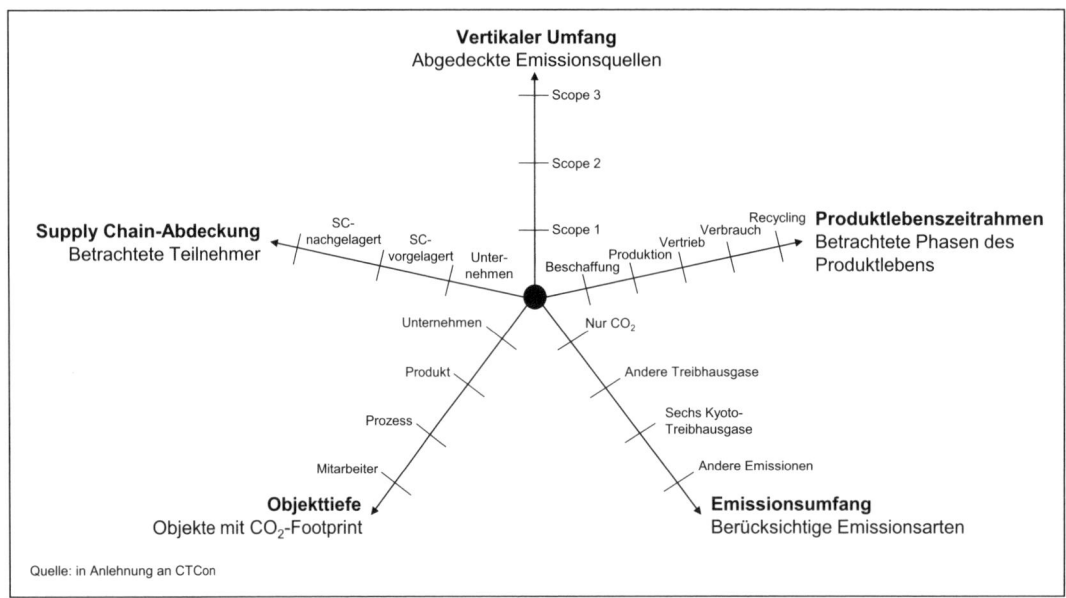

Abbildung 9: Carbon Accounting Dimensionsspinne

Carbon Accounting

Vorstellung der Dimensionsspinne

Der Umfang der Erfassung der Emissionsdaten kann mit Hilfe der Carbon Accounting Dimensionsspinne (siehe Abbildung 9) abgebildet werden (vergleiche Eitelwein/Goretzki 2010). Hierbei geht es hauptsächlich darum, der Analyse des Carbon Accountings eine Struktur zu geben und das Vorgehen zu visualisieren; die Dimensionen sollten keineswegs als Grundgerüst für die Entwicklung eines Carbon Accountings verwendet werden. Auch sollte die Spinne, beziehungsweise die dort abgetragenen Dimensionen, nicht als wertende Aussagen verstanden werden. Vereinfacht dargestellt, zeigt die Spinne anschaulich, wie viele Informationen in die Ermittlung der Emissionen einbezogen werden: Je größer der Umfang innerhalb der einzelnen Dimensionen ist, desto mehr Informationen müssen einbezogen werden und desto größer ist der Aufwand für das Aufsetzen eines Carbon Accounting Systems.

Die abgedeckten Emissionsquellen werden als *vertikaler Umfang* abgebildet. Wie bereits in Kapitel 2 erläutert, gibt es drei verschiedene Emissionsquellen: Scope 1 (direkte Emissionen), Scope 2 (Emissionen aus fremdbezogenen Energien) und Scope 3 (sonstige Emissionen). Die Dimension des *Produktlebenszeitrahmens* betrachtet die relevanten Phasen im Produktlebenszyklus. Dies bedeutet, dass entlang dieser Dimension produktspezifische Informationen zur Erfassung der Emissionen gewonnen werden. Die Dimension ist somit nur dann von Interesse, wenn auch ein Product Carbon Footprint ermittelt werden soll. Für Dienstleister gestaltet sich die Aufteilung in die Phasen weniger klar, da die Produktion der Dienstleistung gleichzeitig den Vertrieb und den Verbrauch der Dienstleistung bedeutet. Auch ein Recycling ist in diesem Fall nicht möglich, sodass entlang der Produktlebenszeitrahmen-Dimension bei Dienstleistern – bedingt durch das Geschäftsmodell – weniger Informationen zur Erfassung der Emissionen gewonnen werden müssen.

Der *Emissionsumfang* beschäftigt sich mit der Frage, welche Emissionsarten im Rahmen des Carbon Accountings berücksichtigt werden. So können entweder nur CO_2-Emissionen, andere Treibhausgase, alle im Rahmen des Kyoto-Protokolls definierten Treibhausgase oder darüber hinaus auch andere Emissionsarten berücksichtigt werden. Bei der *Objekttiefe* geht es um die Entscheidung, ob die CO_2-Emissionen auf Unternehmens-, Produkt-, Prozess- oder Mitarbeiterebene ermittelt werden. Ein häufig verwendetes Konzept ist die Entwicklung von Carbon Footprints: Während ein Company Carbon Footprint häufig vorhanden und etabliert ist, wird der Product Carbon Footprint derzeit noch etwas zurückhaltender umgesetzt (zum Beispiel in Pilotprojekten[2]). Für Prozesse und Mitarbeiter sind noch keine Footprints definiert; allerdings ist es teilweise bereits möglich, Emissionen bis

Ein Carbon Accounting System kann anhand der zur Ermittlung der Emissionen berücksichtigten Informationen charakterisiert werden

---

[2] Unter der Trägerschaft von Öko-Institut, Potsdam-Institut für Klimafolgenforschung und THEMA1 erarbeiten die neun Unternehmen Deutsche Telekom, dm-drogerie markt, FRoSTA, Henkel, Krombacher, REWE Group, Tchibo, Unternehmensgruppe Tengelmann und Tetra Pak an der Entwicklung eines Product Carbon Footprints (für mehr Informationen siehe www.pcf-project.de).

Mit der Carbon Accounting Dimensionsspinne kann die Erfassung von Emissionen verschiedener Unternehmen verglichen werden

Unternehmen mit einer geringen Betroffenheit der Leistungserstellung und des Marktpotenzials berücksichtigen wenige Informationen zur Erfassung ihrer Emissionen

auf diese Objekttiefe zu ermitteln. So können Unternehmen zum Beispiel den Papierverbrauch und die sich daraus ergebenden Emissionen pro Mitarbeiter ermitteln – die Verarbeitung dieser Informationen ist jedoch aufgrund von Widerständen aus den Betriebsräten kaum umsetzbar. Die *Supply Chain-Abdeckung* steht für die Betrachtungstiefe und -richtung der berücksichtigten Wertschöpfungskette. Unternehmen müssen sich entscheiden, ob nur ihre eigenen oder auch die Emissionen vor- und gegebenenfalls auch nachgelagerter Supply Chain Teilnehmer betrachtet werden.

Im Folgenden wird die Dimensionsspinne von uns genutzt, um den Umfang der Informationsgewinnung im Carbon Accounting bei den vier vorab hergeleiteten Unternehmensgruppen mit unterschiedlichen Betroffenheiten grafisch darzustellen. Hierbei wird jede Gruppe für sich behandelt, um Übersichtlichkeit gewährleisten zu können. Da, wie unsere empirische Studie gezeigt hat, Carbon Accounting für Unternehmen mit gleicher Betroffenheit eine vergleichbare Relevanz hat, konnten wir übliche Gestaltungsmöglichkeiten des Carbon Accountings je Gruppe beobachten. Darauf aufbauend wird im Folgenden für jede der vorher hergeleiteten Gruppen eine schematische Visualisierung des Carbon Accountings durch Abtragen des Umfangs der Informationserfassung auf der Dimensionsspinne vorgestellt. Hierfür wird jeweils im Uhrzeigersinn, beginnend mit den abgedeckten Emissionsquellen, die Erfassung der Emissionen im Carbon Accounting der jeweiligen Unternehmen erläutert und abschließend verglichen. Grundlagen für die Bewertung und Einordnung der Gruppen sind Informationen aus geführten Interviews sowie Nachhaltigkeits- und CDP-Berichte aus dem Jahr 2011.

Schematische Einordnung verschiedener Unternehmensgruppen

Für die Unternehmen der ersten Gruppe hat das Thema CO_2-Reduktion, wie bereits vorab hergeleitet, eine geringere Relevanz, da weder in der Leistungserstellung mit signifikant höheren Kosten zu rechnen ist noch auf Seite des Marktpotenzials mit verbesserten Wettbewerbskonditionen. Die Implementierung eines Carbon Accountings hat somit nur eine geringe Außen- und auch Innenwirkung.

Wie schematisch in Abbildung 10 dargestellt, betrachten Unternehmen der ersten Gruppe gemäß Erkenntnissen aus unserer empirischen Studie üblicherweise nur eine Emissionsquelle. Aufgrund des geringen Marktpotenzials, das sich für diese Unternehmensgruppe eröffnet, konnte bisher dem Mehraufwand für die Abdeckung weiterer Emissionsquellen häufig kein angemessener Nutzen gegenübergestellt werden. Da diese Unternehmen, wie bereits vorab hergeleitet, zum einen geringe direkte Emissionen aufweisen, zum anderen kaum Möglichkeiten haben, Produkte herzustellen, die bei ihren Kunden Emissionen reduzieren, werden keine Emissionen auf Produktebene erfasst und keine weiteren Treibhausgase berücksichtigt. Die geringen Emissionen, die von diesen Unternehmen üblicherweise beim Kunden ausgelöst werden, erklären und rechtfertigen eine Ermittlung des Carbon Footprint lediglich auf

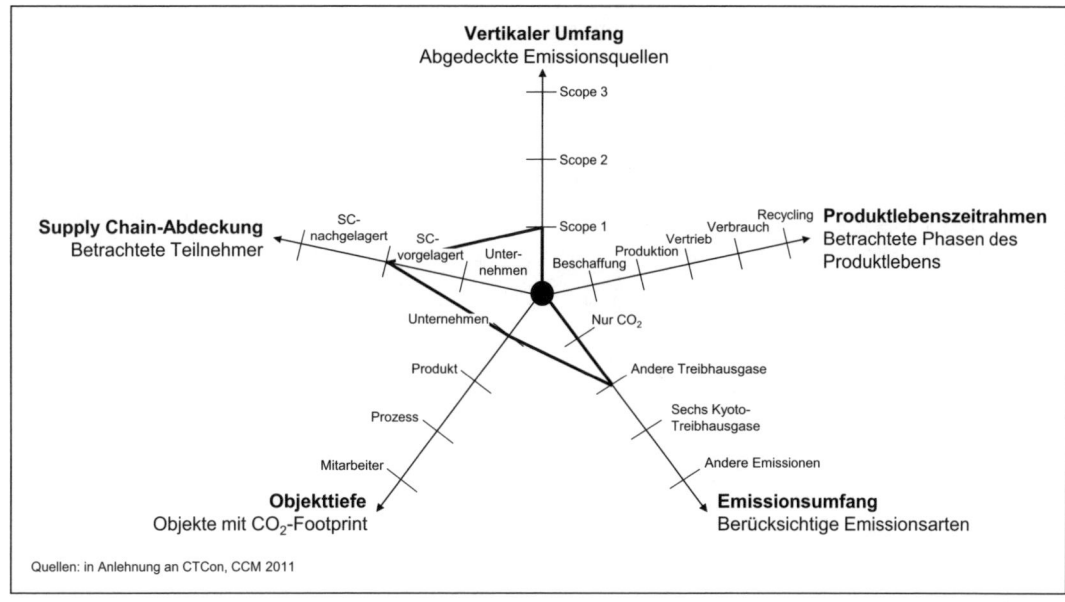

Abbildung 10: Carbon Accounting Dimensionsspinne Gruppe 1

Unternehmensebene. Üblicherweise betrachten Unternehmen dieser Gruppe im Rahmen des Carbon Accountings entweder nur das eigene Unternehmen oder aber auch Unternehmen der vorgelagerten Supply Chain; die nachgelagerte Supply Chain kann aufgrund des geringen Anteils an den aggregierten CO_2-Emissionen vernachlässigt werden. Zusammenfassend lässt sich festhalten, dass Unternehmen mit einer geringen Betroffenheit der Leistungserstellung und des Marktpotenzials recht wenige Informationen in die Erfassung der Emissionen einbeziehen und somit das Carbon Accounting einen geringen Umfang besitzt.

Ein anderes Bild zeigt sich bei Unternehmen, die Carbon Accounting als Verkaufsargument nutzen können, jedoch in der Leistungserstellung weniger stark betroffen sind. Unternehmen in dieser Gruppe 2 können durch die Implementierung hauptsächlich eine Außenwirkung erzielen.

Unsere empirische Studie hat gezeigt, dass Unternehmen, die Carbon Accounting als Verkaufsargument nutzen können, üblicherweise eine breitere Informationsbasis zur Ermittlung der Emissionen berücksichtigen (vergleiche Abbildung 11). So decken diese Unternehmen beispielsweise alle drei Emissionsquellen ab; aufgrund der Tatsache, dass Scope 2 und Scope 3 Emissionen nicht von dem jeweiligen Unternehmen kontrolliert werden können (siehe Kapitel 2), entsteht hierdurch lediglich ein Marketing-, jedoch kein Kostenvorteil. Auch mit Blick auf die betrachteten Phasen des Produktlebenszeitrahmens unterscheiden sich die Unternehmen dieser

Unternehmen mit einer hohen Betroffenheit des Marktpotenzials berücksichtigen eine Breite an Informationen zur Ermittlung ihrer Emissionen

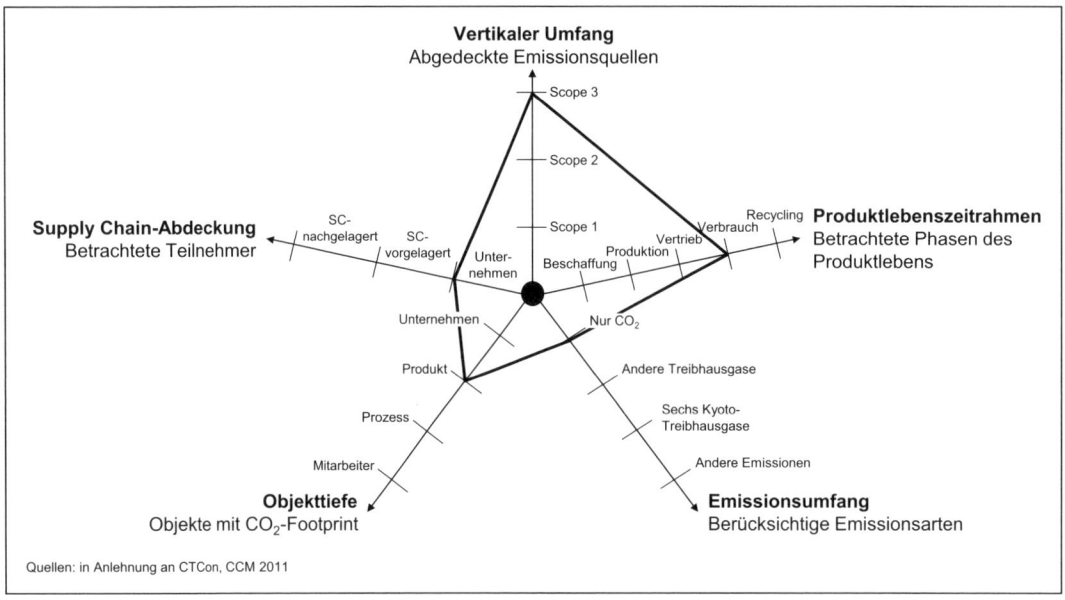

Abbildung 11: Carbon Accounting Dimensionsspinne Gruppe 2

Gruppe aufgrund der höheren Betroffenheit des Marktpotenzials von der vorherigen Gruppe. Laut unserer Studie betrachten Unternehmen hier üblicherweise alle Phasen des Produktlebens; weiterhin ist es für diese Unternehmen unbedingt notwendig, CO$_2$-Emissionen zu erfassen, da dieses aus einer Vermarktungsperspektive die gefragtesten Informationen sind. Auch die häufig durchgeführte Ermittlung von Company und Product Carbon Footprints spiegelt die Verwendung von Carbon Accounting als Verkaufsargument wider. Allerdings ist an dieser Stelle anzumerken, dass Unternehmen der Gruppe zwar sehr breit aufgestellt sind, jedoch in der Ermittlung an vielen Stellen nicht in die Tiefe einsteigen: So werden beispielsweise die Product Carbon Footprints nicht über die Aggregation verschiedener, produktspezifischer Emissionen entlang der Wertschöpfungskette ermittelt, sondern über die Anwendung eines Verteilungsschlüssels auf den Company Carbon Footprint indirekt und näherungsweise hergeleitet. Die letzte Dimension zeigt auf, dass die Herleitung in dieser Gruppe häufig nur Informationen zur Erfassung von Emissionen aus dem eigenen Unternehmen berücksichtigt und keine vor- oder nachgelagerten Unternehmen einbezogen werden. Zusammenfassend bleibt festzuhalten, dass Unternehmen, die Carbon Accounting proaktiv als Verkaufsargument nutzen, zwar selbst auch mehr Informationen zur Erfassung der Emissionen einbeziehen und somit ein Carbon Accounting mit größerem Umfang aufweisen, jedoch insgesamt entlang der einzelnen Bilanzierungsobjekte weniger in die Tiefe einsteigen. Wir konnten beobachten, dass Unternehmen mit einer hauptsächlichen Betroffenheit des Marktpotenzials stark nach Kosten-Nutzen-Gesichtspunkten agieren: Alle Informationen, die relativ kostengünstig zu erheben sind, werden üblicherweise genutzt, um diese anschließend als Verkaufsargumente zur Realisierung von Marktpotenzial nutzen zu können.

Abbildung 12 zeigt den Umfang der Informationsgewinnung zur Erfassung der Emissionsdaten für die dritte Gruppe, die unter besonders hohem Kostendruck und regulatorischen Anforderungen steht und daher von dem Thema CO_2-Reduktion stark betroffen ist. Für Unternehmen dieser Gruppe ist die Implementierung eines Carbon Accountings insbesondere aufgrund der hohen Innenwirkung von Bedeutung.

Das Carbon Accounting für Unternehmen dieser Gruppe umfasst laut unserer empirischen Studie tendenziell schon deutlich fokussierte Informationen zur Ermittlung der Emissionen, da nur so eine effiziente Steuerung der Emissionen in Reaktion auf die starke Betroffenheit der Leistungserstellung vorbereitet werden kann. Es reicht daher aus, Scope 1 Emissionen zu erfassen, da eine Steuerung der Emissionen aus den anderen beiden Emissionsquellen nicht möglich ist (siehe Kapitel 2); die zusätzliche Berücksichtigung weiterer Informationen wäre in diesem Falle zur Reduktion des Kostendrucks nicht zielführend. Auch hier fällt der Großteil der Emissionen vor dem Recycling an, sodass Unternehmen, nach den Ergebnissen unserer empirischen Analysen, nur die Produktlebensphasen bis einschließlich des Verbrauchs berücksichtigen. Unternehmen dieser Gruppe erfassen üblicherweise nur CO_2-Emissionen, was

Unternehmen mit einer hohen Betroffenheit der Leistungserstellung fokussieren ihre Erfassung auf steuerungsrelevante Informationen

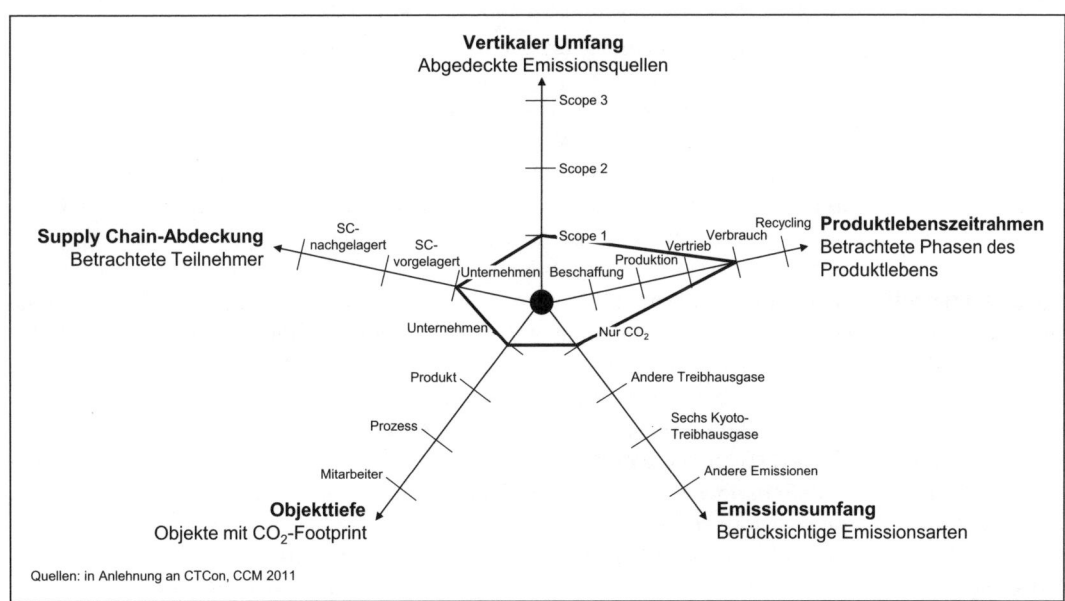

Abbildung 12: Carbon Accounting Dimensionsspinne Gruppe 3

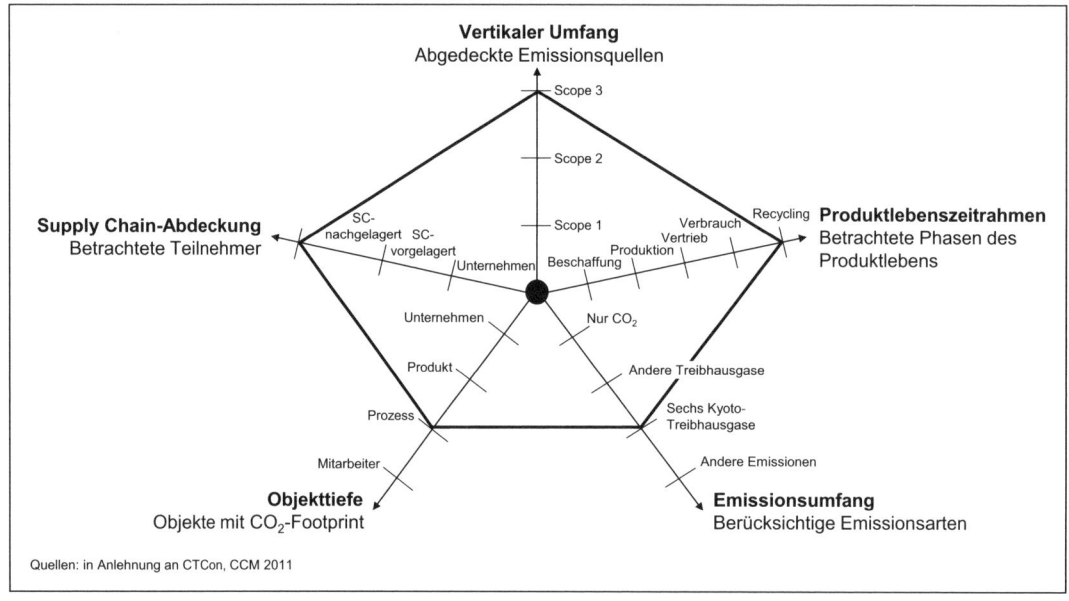

Abbildung 13: Carbon Accounting Dimensionsspinne Gruppe 4

Unternehmen mit einer hohen Betroffenheit der Leistungserstellung und des Marktpotenzials berücksichtigen sehr viele Informationen zur Erfassung ihrer Emissionen

mit Blick auf die hohe Betroffenheit durch EU ETS auch die wichtigste Emissionsart ist. In einzelnen Fällen werden neben CO_2-Emissionen auch weitere Treibhausgase erfasst, sofern das spezifische Geschäftsmodell hierzu Anlass gibt. Eine IT-System-gestützte Ermittlung und Analyse des CO_2-Fußabdrucks der eigenen Emissionen ist häufig bereits möglich, sodass diese Unternehmen einen Company Carbon Footprint ermitteln können; ein Product Carbon Footprint ist derzeit zumeist noch nicht vollautomatisch ermittelbar. Bezüglich der Abdeckung der Supply Chain erfassen Unternehmen dieser Gruppe lediglich Emissionen ihres eigenen Unternehmens. Zusammenfassend kann man erkennen, dass Unternehmen, für die CO_2-Reduktionen aufgrund der hohen Betroffenheit der Leistungserstellung eine hohe Relevanz haben, nur steuerungsrelevante Bilanzierungsobjekte in die Erfassung der Emissionen einbeziehen.

Die letzte Abbildung des Umfangs der Informationsgewinnung zur Erfassung der Emissionsdaten veranschaulicht die Ausgestaltung eines Carbon Accounting Systems für Unternehmen, welche sich aufgrund ihres Geschäftsmodells sowohl mit Blick auf die Leistungserstellung als auch auf das Marktpotenzial mit einer hohen Betroffenheit konfrontiert sehen (vergleiche Abbildung 13). Unternehmen aus dieser Gruppe können durch die Implementierung eines Carbon Accountings sowohl eine Innen- als auch eine Außenwirkung erreichen.

Unternehmen in dieser Gruppe erfassen sehr viele Informationen auf praktisch allen Dimensionen, was aufgrund der gleichzeitigen Betroffenheit des Marktpotenzials und der Leistungserstellung wenig verwunderlich ist, jedoch eine hohe Komplexität bezüglich Erfassung der Emissionen bedeutet. Wie bisher auch bei allen anderen Feldern der Matrix werden Informationen über die Emissionen der eigenen Produktion, der fremdbezogenen Energien sowie alle anderen Emissionsquellen erfasst. Außerdem berücksichtigt das Carbon Accounting in dieser Gruppe – im Gegensatz zu Unternehmen aus anderen Gruppen – den gesamten Lebenszeitrahmen eines Produktes. Damit werden Emissionen aus Beschaffung, Produktion, Vertrieb, Verbrauch und sogar Recycling einbezogen. Teilweise werden von Unternehmen in dieser Gruppe alle sechs Kyoto-Protokoll-Treibhausgase erfasst. Aufgrund der hohen Betroffenheit und der sich daraus ergebenden Innen- und Außenwirkung des Carbon Accountings ist diese weitreichende Berücksichtigung des Emissionsumfangs sicherlich ein sinnvoller Schritt. Ebenso differenzieren sich Unternehmen dieser Gruppe über eine sehr weitreichende Ermittlung des Carbon Footprints: Üblicherweise wird ein Carbon Footprint zumindest auf Unternehmens- und Produktebene, teilweise jedoch bereits mit Hilfe eines IT-Systems bis auf die Prozessebene ermittelt. Um sicherzugehen, dass alle Emissionen entlang der Wertschöpfungskette erfasst sind, berücksichtigen Unternehmen dieser Gruppe üblicherweise alle Teilnehmer der Supply Chain. Zusammenfassend lässt sich festhalten, dass Unternehmen dieser vierten Gruppe in Reaktion auf die hohe Betroffenheit der Leistungserstellung und, um alle Chancen des Marktpotenzials abschöpfen zu können, sehr weitreichende Informationen zur Ermittlung der Emissionen erfassen.

Mit Hilfe der Dimensionsspinne konnte eine Einordnung der Unternehmensgruppen anhand des schematischen Umfangs der Informationsgewinnung zur Erfassung der Emissionen vorgenommen werden. Im Folgenden wird nun detaillierter auf die zweite Säule eingegangen – das Carbon Controlling.

Carbon Controlling

Ausbaugrade des Carbon Controllings

Wie bereits eingangs vorgestellt, lassen sich idealtypisch unterschiedliche Ausbaugrade des Carbon Controllings unterscheiden, die in der Abbildung 14 veranschaulicht sind.

Auf einer ersten Stufe steht das *Reporting von Emissionen*, vorzugsweise mit Hilfe eines zentralen Konzern-Informationssystems (Ausbaugrad 1). Hier geht es vorrangig darum, durch das Berichten von Emissionsdaten Transparenz zu schaffen und ein präzises Verständnis für die Quellen und Senken von Emissionen zu erlangen. Aufbauend auf der reinen Aggregation von Emissionsdaten kann eine *selektive Steuerung* eingeführt werden (Ausbaugrad 2). Dies sichert die grundsätzliche Berücksichtigung des Themas CO_2-Emissionen im Führungshandeln ebenso wie die Angemessenheit des Aufwandes für die Implementierung eines Carbon Controlling Systems. Eine weitere Intensivierung der Emissionssteuerung kann dann durch die *Integration* von Emissionsdaten *in den Regelsteuerungsprozess* erfolgen, so-

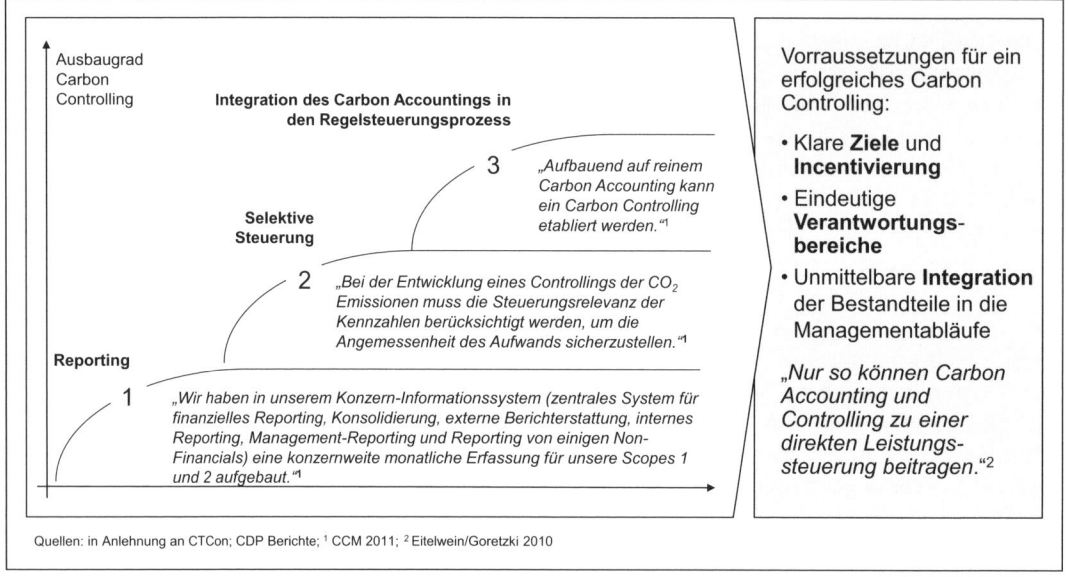

Abbildung 14: Ausbaugrade des Carbon Controllings

Carbon Controlling kann je nach Intensität der Verwendung der Emissionsdaten unterschiedliche Funktionen erfüllen

dass im Endeffekt aufbauend auf reinem Carbon Accounting ein umfassendes Carbon Controlling etabliert wird (Ausbaugrad 3).

Da sich das GHG-Protokoll bereits in seinen Grundsätzen für Carbon Accounting offen an den Prinzipien des finanziellen Rechnungswesens anlehnt und die Forderungen der Grundprinzipien des GHG-Protokolls durch die Prozessstandards des Rechnungswesens bereits weitestgehend abgedeckt sind (vergleiche Hufschlag 2010), ist es naheliegend, auch im Aufbau eines Erfassungs- und Berichtssystems eine Anknüpfung an Prozesse und Strukturen des Finanz- und Rechnungswesens zu suchen. Diese Idee findet sich auch bei Eitelwein und Goretzki (2010), die fordern, die Bestandteile des Carbon Controllings unmittelbar in die Managementabläufe zu integrieren, um ein erfolgreiches Carbon Controlling zu etablieren.

Ausbaugrade des Carbon Controllings in Unternehmens-gruppen

In unserer Studie wurde neben dem Benchmarking des Carbon Accountings der Unternehmen der verschiedenen Gruppen auch Aufmerksamkeit auf den Ausbaugrad des Carbon Controllings gelegt. Wie bereits eingangs erwähnt, verfolgt Carbon Controlling das Ziel, die Steuerung der Emissionen durch eine Integration des Carbon Accountings in den Regelsteuerungsprozess des Unternehmens zu übernehmen. Unsere Studie hat gezeigt, dass bereits alle untersuchten Unternehmen Emissionen erfassen und berichten. Um zu ermitteln, ob und gegebenenfalls wie weit sie über diese erste Ausbaustufe eines Carbon Controllings hinausgehen, sind entsprechende Kriterien heranzuziehen. Folgende haben sich im Rahmen unserer

Studie als besonders charakterisierend herauskristallisiert:

- das Vorhandensein von Reduktionszielen,
- die Definition strategischer Fokusfelder zur Emissionsreduktion,
- die Incentivierung des Managements und
- die Verknüpfung der Emissionskennzahlen mit der finanziellen Regelsteuerung (siehe Abbildung 15).

Die ersten drei Kriterien beziehen sich alle auf die Differenzierung zwischen Ausbaugrad 1 und 2 und bilden im Gesamtbild eine gute Annäherung an die Voraussetzungen und Besonderheiten einer selektiven Steuerung der Emissionen. Das letzte Kriterium unterscheidet folglich Ausbaugrad 2 von Ausbaugrad 3, in welchem man idealerweise Emissionen monetär bewerten kann, um sie abschließend in den Business Case mit einzuberechnen.

Wie bereits angedeutet, erfassen und berichten alle der untersuchten Unternehmen Emissionen und haben bereits konkrete Reduktionsziele. Die Definition und Bearbeitung strategischer Fokusfelder zur Emissionsreduktion ist ähnlich weit verbreitet; unsere Studie hat gezeigt, dass viele Unternehmen bereits heute ein Maßnahmencontrolling basierend auf den bereits definierten Fokusfeldern entwickelt haben. Lediglich die Unternehmen der ersten Gruppe haben häufig noch keine Fokusfelder identifiziert, in denen sie durch strategische Maßnahmen Emissionen gezielt reduzieren. Aufgrund der Eigenschaften der Gruppe ist dies auch kaum verwunderlich. Für Unternehmen mit geringen direkten Emissionen ist eine gezielte Steuerung der Emissionsreduktion weniger dringlich. Besonders eine Betrachtung unter Kosten-Nutzen-Gesichtspunkten führt häufig dazu, dass es sich für Unternehmen dieser Gruppe nicht lohnt, ein Maßnahmencontrolling zu

Unternehmen, die nicht nur mit einer geringen Betroffenheit der Leistungserstellung und des Marktpotenzials konfrontiert sind, steuern Emissionen selektiv

Gruppe	Ausbaugrad 2			Ausbaugrad 3	Ausbaugrad (Soll)
	Reduktionsziele	Strategische Fokusfelder zur Emissionsreduktion	Incentivierung des Managements[1]	Verknüpfung Emissionskennzahlen und finanzielle Regelsteuerung	
1	Ja	Nein	Nein	Nein	1
2	Ja	Ja	Ja	Nein	2
3	Ja	Ja	Ja	Ja	3
4	Ja	Ja	Ja	Nein	2

Quellen: CCM 2011; Nachhaltigkeitsberichte; [1]CDP Berichte

Abbildung 15: Carbon Controlling der Unternehmensgruppen

Ein integriertes Carbon Accounting und Controlling ist besonders für Unternehmen mit einer hohen Betroffenheit der Leistungserstellung von Vorteil

implementieren und durchzuführen. Ein vergleichbares Bild zeichnet sich bei der Einordnung des Carbon Controllings der Unternehmen anhand der Incentivierung des Managements ab. Der Grund für die Ähnlichkeit liegt darin, dass eine Incentivierung häufig auch als eine Maßnahme zur Reduktion von CO_2 in strategischen Fokusfeldern verwendet wird; eine gesonderte Betrachtung der beiden Kriterien ist dennoch vorteilhaft, da die Incentivierung des Managements eine gute Annäherung für die Abschätzung des strategischen Stellenwertes ist, der Maßnahmen zur Emissionsreduktion in der Unternehmenssteuerung eingeräumt wird. Es überrascht daher nicht, dass Unternehmen der ersten Gruppe definierte Reduktionsziele nicht in ihren Vergütungsstrukturen berücksichtigen. Für alle anderen Unternehmen der Gruppen zwei bis vier ist eine Entwicklung des Carbon Controllings im Ausbaugrad 2 jedoch aufgrund ihrer höheren Betroffenheit sinnvoll und kann, wie unsere Studie gezeigt hat, bereits heute festgestellt werden. Es bleibt also festzuhalten, dass lediglich die Unternehmen der ersten Gruppe häufig noch kein Carbon Controlling im Ausbaugrad 2 eingeführt haben.

Anders gestaltet sich die Differenzierung der Unternehmen mit Blick auf ein Carbon Controlling, das aufgrund der Integration des Carbon Accountings in den Regelsteuerungsprozess zu einer direkten Leistungssteuerung beitragen kann. Laut unserer Studie hat bisher nur ein Unternehmen der Gruppe 3 das Carbon Accounting System mit der finanziellen Regelsteuerung verknüpft, sodass man von einem integrierten Carbon Controlling sprechen kann. Ein weiteres Unternehmen der Gruppe baut aktuell ein derartiges integriertes System auf. Grundsätzlich ist festzuhalten, dass ein Carbon Controlling im Ausbaugrad 3 für Unternehmen dieser Gruppe aufgrund der hohen Betroffenheit der Leistungserstellung von besonderer Bedeutung ist. Für alle anderen Gruppen bleibt zu hinterfragen, inwieweit sich die Investitionen in die Entwickelung und Umsetzung eines integrierten Carbon Accounting und Controlling Systems lohnen, da die Unternehmen weder sehr hohe Kosten zu fürchten noch die Möglichkeit haben, durch eine bessere Steuerung ihrer eigenen Emissionen zusätzliches Umsatzpotenzial in ausreichendem Rahmen zu realisieren. Es kann daher tendenziell festgehalten werden, dass ein Carbon Controlling System im Ausbaugrad 3 wahrscheinlicher und sinnvoller in Unternehmen der dritten Gruppe vorzufinden ist.

Benchmarking

Basierend auf der Einordnung der Unternehmensgruppen anhand des Carbon Accountings und Controllings können Unterschiede im Umgang mit der CO_2-Thematik verdeutlicht werden. Bezüglich Carbon Accounting wurde eine Unterscheidung des Umfangs der Berücksichtigung von Informationen zur Erfassung von Emissionen in hoch und gering vorgenommen; im Wesentlichen ist die Einordnung der Gruppen konsis-

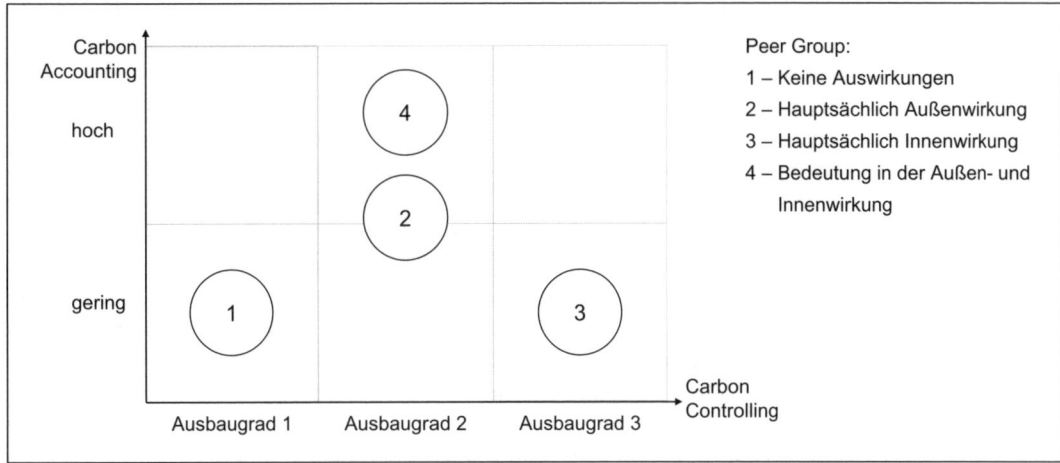

Abbildung 16: Benchmarking der Unternehmensgruppen

tent zu den CDP Carbon DisclosureScores[3] der jeweiligen Unternehmen. Bezüglich des Carbon Controllings wurden die Unternehmen unserer Studie gemäß den vorab hergeleiteten Differenzierungskriterien in den jeweiligen Ausbaugraden positioniert.

Die zusammenfassende Darstellung des Benchmarkings (siehe Abbildung 16) verdeutlicht die Differenzierbarkeit des Carbon Accountings und Controllings von verschiedenen Unternehmensgruppen nach der jeweiligen Betroffenheit.

Für die erste Gruppe haben wir im Rahmen unserer Studie hergeleitet, dass die Unternehmen üblicherweise über ein gering ausgeprägtes Carbon Accounting verfügen und daran angepasst auch lediglich ein Carbon Controlling zur Erfassung und Berichterstattung ihre Emissionen verwenden, um Transparenz sicherzustellen. Basierend auf konzeptionellen Überlegungen und unter Berücksichtigung der geringen Betroffenheit der Leistungserstellung und des Marktpotenzials kann diese Positionierung der Unternehmen zum aktuellen Zeitpunkt als sinnvoll und ausreichend eingestuft werden: Unternehmen, bei denen weder Marktpotenzial noch Leistungserstellung stark betroffen sind, haben kaum die Möglichkeit, ihre Situation durch ein ausgeprägtes Carbon Accounting und Controlling zu verbessern.

Allerdings wollen wir bereits an dieser Stelle darauf hinweisen, dass Unternehmen ihre Betroffenheit basierend auf den vorab hergeleiteten Kriterien (siehe Abschnitt 3) kontinuierlich im Auge haben. Aufgrund des ausgeprägten gesellschaftlichen Interesses an der CO_2-Thematik ist es langfristig vermutlich nicht ausreichend, Emissionen nur zu erfassen und zu berichten; in Zu-

Die Intensität des Carbon Accountings und Controllings hängt von der Notwendigkeit der CO_2-Reduktion des jeweiligen Unternehmens ab

[3] Der Carbon Disclosure Score wird auf einer Skala bis 100 abgebildet. Unternehmen mit einem Ergebnis innerhalb einer bestimmten Spanne wird ein bestimmtes Maß an Engagement und Erfahrung in Bezug auf die Veröffentlichung ihrer Klimadaten zugesprochen (vergleiche CDP 2011c).

kunft könnte zumindest eine selektive Steuerung erstrebenswert werden.

Unternehmen in Gruppe zwei verwenden, wie vorab gezeigt, ein sehr umfangreiches – wenn auch wenig detailliertes – Carbon Accounting und nutzen die dort generierten Kenntnisse im Rahmen eines Carbon Controllings zur selektiven Steuerung. Da diese Unternehmen in der Leistungserstellung weniger betroffen sind, ist eine Erfassung der Emissionen primär zur Erfüllung der Vorbildfunktion notwendig, um die eigenen Produkte glaubwürdiger verkaufen zu können. In diesem Falle wird durch die Gestaltung eines Carbon Accountings eine Außenwirkung erzielt. Basierend auf konzeptionellen Überlegungen ist eine vollständige Integration in das Controlling zum jetzigen Zeitpunkt nicht sinnvoll: Da den hierbei entstehenden Kosten derzeit noch kein angemessener Nutzen gegenübergestellt werden kann, ist zu erwarten, dass durch eine umfassende Steuerung der Emissionen keine nennenswerten Kosteneinsparungen in der Leistungserstellung realisiert werden können.

Hinsichtlich der Unternehmen in Gruppe drei hat unsere empirische Untersuchung gezeigt, dass die Anforderungen an die Gestaltung des Carbon Controllings diese Unternehmen stark von anderen unterscheiden. Häufig sind die Unternehmen aufgrund des hohen finanziellen und regulatorischen Drucks, dem sie durch ihre hohen Emissionen ausgesetzt sind, besonders intensiv in der Leistungserstellung betroffen und können daher eine starke Innenwirkung mit der Ausgestaltung des Carbon Controllings erreichen. In diesem Falle kann somit eine enge Verknüpfung der Emissionen mit dem finanziellen Rechnungswesen eine umfassende Steuerung der Emissionen ermöglichen und die Realisierung von möglichen Einsparpotenzialen unterstützten: Indem Carbon Accounting in den Regelsteuerungsprozess integriert wird, können Kosten durch Emissionen bereits frühzeitig bei Investitionsentscheidungen berücksichtigt werden. Dem hohen Aufwand eines solchen Vorgehens kann ein direkter Nutzen in Form von Kostenreduktion gegenübergestellt werden. Unsere Studie sowie auch konzeptionelle Überlegungen haben gezeigt, dass es sich bereits zum jetzigen Zeitpunkt lohnen kann, das Carbon Accounting ins Controlling zu integrieren und ein umfassendes Carbon Controlling aufzusetzen.

Die letzte Gruppe umfasst Unternehmen, die sich sowohl durch eine hohe Betroffenheit des Marktpotenzials als auch der Leistungserstellung auszeichnen. Wenig überraschend ist die empirische Beobachtung, dass Unternehmen dieser Gruppe üblicherweise ein hohes Maß an Informationen zur Ermittlung ihrer Emissionen berücksichtigen; wie auch bei Gruppe drei ist Transparenz von besonders hoher Bedeutung. Erklärungsbedürftiger ist die Tatsache, dass Unternehmen dieser Gruppe gemäß unserer Studie relativ gesehen weniger Carbon Controlling betreiben als jene Unternehmen, die in Bezug auf ihr Marktpotenzial weniger Möglichkeiten ausschöpfen können. Der Grund hierfür kann in der gestiegenen Komplexität der Erfassung und Steuerung der Emissionen, die bei einer hohen Betroffenheit der Leistungserstellung und des Marktpotenzials besteht, liegen. In einer

Steuerungslogik bedeutet die gleichzeitige Betroffenheit beider Dimensionen, dass durch den Ausbau des Carbon Accountings und Controllings sowohl eine Außen- als auch Innenwirkung erzielt werden kann und auch erzielt werden sollte. Da das Verknüpfen zweier Perspektiven den Integrationsprozess noch komplexer gestaltet, ist eine Verlagerung der kompletten Steuerung in das Controlling zum aktuellen Zeitpunkt noch nicht zu empfehlen. Allerdings sollte auch für diese Unternehmen bereits jetzt ein Bewusstsein dafür geschaffen werden, dass Emissionen zu einer Wachstumsbeschränkung im Unternehmen werden können.

Insgesamt bestätigt die aktive Gestaltung von Carbon Accounting und Controlling Systemen in den Unternehmensgruppen die Relevanz des Themas und deutet an, dass der CO_2-Reduktion auch in Zukunft ein hohes Maß an Aufmerksamkeit zuteil wird. Im Folgenden werden wir im Rahmen eines umfangreichen Praxisbeispiels weiter darauf eingehen, wie die Ausgestaltung eines integrierten Carbon Accountings und Controllings aussehen kann und welche Herausforderungen im Rahmen des Implementierungsprozesses auftreten können.

5 GoGreen, das Umweltprogramm von Deutsche Post DHL

Deutsche Post DHL – Globaler Konzern mit Verantwortung

Unter dem Motto »Die Post für Deutschland. The logistics company for the world.« ist Deutsche Post DHL der weltweit führende Post- und Logistikdienstleister, mit einem Umsatz von mehr als 51 Mrd. Euro in 2010. Die Konzernmarken Deutsche Post und DHL stehen für ein einzigartiges Portfolio rund um Logistik (DHL) und Kommunikation (Deutsche Post). Mit den vier Divisionen »Mail«, »Express«, »Global Forwarding/Freight« und »Supply Chain« bietet die Gruppe ihren Kunden sowohl einfach zu handhabende Standardprodukte als auch maßgeschneiderte, innovative Lösungen – vom Dialogmarketing bis zur industriellen Versorgungskette. Dabei bilden die ca. 470 000 Mitarbeiter in mehr als 220 Ländern und Territorien ein globales Netzwerk, das auf Service, Qualität und Nachhaltigkeit ausgerichtet ist. Mit einer Luftflotte von 147 Düsenjets und ca. 120 000 Fahrzeugen am Boden werden mehr als eine Million Kundenkontakte pro Stunde bedient, an über 120 000 Destinationen weltweit.

Als global tätiges Unternehmen sieht sich Deutsche Post DHL in der Verantwortung, die Welt nachhaltig zu verändern. Der Konzern nutzt deshalb sein Know-how und seine globale Präsenz, um einen positiven Beitrag für Gesellschaft und Umwelt zu leisten. Unter dem Motto »Living Responsibility« fasst der Konzern seine Aktivitäten in der Unternehmensverantwortung zusammen. Im Fokus stehen dabei die Themen Umweltschutz (*GoGreen*), Katastrophenmanagement (*GoHelp*) und Bildungsförderung (*GoTeach*). Darüber hinaus fördert der Konzern das gesellschaftliche Engagement seiner Mitarbeiter: Einmal im Jahr ruft der Konzern weltweit zum »Global Volunteer Day« auf und motiviert seine Mitarbeiter, sich ehrenamtlich für Kinder, Jugendliche und ältere Menschen zu engagieren. Zusätzlich wird ehrenamtliche Arbeit der Mitarbeiter finanziell in lokalen gesellschaftlichen Projekten mit dem »Living Responsibility Fund« unterstützt.

Fokusthema CO_2

Das konzernweite Umwelt- und Klimaschutzprogramm GoGreen dient dem Ziel, negativen Umweltauswirkungen, die aus Aktivitäten des Konzerns resultieren, entgegenzuwirken. Hierzu zählen unter anderem lokale Emissionen (zum Beispiel Feinstaub), Wasserver-

Als weltweit führender Post- und Logistikdienstleister hat Deutsche Post DHL eine besondere Verantwortung gegenüber der Gesellschaft

Der Konzern Deutsche Post DHL hat sich das ehrgeizige Ziel gesetzt, die CO_2-Effizienz seiner eigenen Aktivitäten und die der Subunternehmer um 30 Prozent zu verbessern

Zur Steigerung der CO_2-Effizienz wurden sieben »Hebel« identifiziert

brauch, Abfall und Lärm. Die für den Konzern bedeutsamste Umweltauswirkung ist jedoch die Emission des Treibhausgases CO_2 – daher setzt Deutsche Post DHL hier einen besonderen Fokus.

Mit dem GoGreen-Programm hat sich der Konzern das ambitionierte Ziel gesetzt, die CO_2-Effizienz seiner eigenen Aktivitäten und der Aktivitäten der Subunternehmer bis zum Jahr 2020 im Vergleich zu 2007 um *30 Prozent* zu verbessern. Das bedeutet, die CO_2-Emissionen für jeden versandten Brief, jedes verschickte Paket, jede transportierte Tonne Fracht und jeden genutzten Quadratmeter Lagerfläche zu reduzieren. Als erstes Zwischenziel wird angestrebt, die CO_2-Effizienz der eigenen Aktivitäten bis zum Jahr 2012 gegenüber 2007 um 10 Prozent zu verbessern; ein Zielniveau, welches im Jahr 2010 bereits erfolgreich erreicht worden ist.

Ansatzpunkte für grünes Management und grüne Kundenlösungen

Zur Verbesserung der CO_2-Effizienz werden Maßnahmen verschiedener Kategorien eingesetzt. Am deutlichsten sichtbar und greifbar sind dabei der Test und Einsatz von alternativen Antriebstechnologien, zum Beispiel von Biogas- oder Elektrofahrzeugen, und die Nutzung erneuerbarer Energien, zum Beispiel durch die Installation von Solar- und Windkraftanlagen an Gebäuden und auf Liegenschaften des Konzerns. Die Möglichkeiten für grünes Management gehen jedoch darüber hinaus. Das CO_2-Management des Konzerns unterscheidet insgesamt *sieben »Hebel« zur Steigerung der CO_2-Effizienz:*

1. Upgrade der Flotte/Technologie, zum Beispiel Einsatz alternativer Antriebstechniken, Verbesserung der Aerodynamik, Modernisierung der Gebäudetechnik (Heizung, Kühlung, Isolierung),
2. Wechsel der Energiequelle, zum Beispiel Verwendung von Biogas anstelle fossiler Brennstoffe, Nutzung von Solarstrom oder von Strom aus hocheffizienten Blockheizkraftwerken,
3. Steigerung der Auslastung, zum Beispiel durch intelligentes Ladungsmanagement und optimierte Disposition,
4. Netzwerk-Optimierung, zum Beispiel durch computergestützte, dynamische Routenplanung (»SmartTruck«) und intelligente Standortwahl,
5. Verkehrsträger-Wechsel, zum Beispiel Nutzung kombinierter Verkehre (Straße/Schiene), Verlagerung von Luftfracht auf Transporte am Boden oder zur See,
6. Auswahl von Subunternehmern, zum Beispiel durch die Berücksichtigung ökologischer Kriterien in der Auftragsvergabe,
7. Mitarbeitermotivation, zum Beispiel interne Weiterbildung, Fahrertraining, »Switch-off«-Kampagnen zu umweltbewusstem Verhalten.

Einzelne Maßnahmen können einen oder mehrere dieser Hebel beeinflussen: So kann zum Beispiel mit einem Standortwechsel nicht nur eine Netzwerk-Optimierung sondern auch der Umzug in ein moderneres Gebäude mit aktueller Dämmung und Heiztechnik und besser angepassten Kapazitäten verbunden

GoGreen, das Umweltprogramm von Deutsche Post DHL

sein. Die Effekte der verschiedenen Hebel sind dabei nicht zwingend gleichgerichtet, weshalb es bedeutsam ist, stets alle Hebel zu betrachten.

Neben Maßnahmen zur Verbesserung der CO_2-Effizienz in der eigenen Leistungserbringung bietet Deutsche Post DHL das Know-how seiner GoGreen-Experten auch zur Optimierung von Kundenprozessen an. So werden grüne Lösungen geschaffen, die über die Grenzen des Konzerns hinaus helfen, CO_2-Emissionen zu reduzieren.

Unterstützung aus dem Finanzbereich

Um die ambitionierten CO_2-Ziele des Konzerns zu erreichen, bedarf es nicht nur eines engagierten grünen Managements mit intelligenten Ansätzen und kreativen, neuen Ideen, sondern auch der notwendigen Transparenz für eine zielorientierte, an analytischen Ergebnissen orientierte Steuerung.

Der Konzernvorstand von Deutsche Post DHL hat daher schon im Jahr 2008 den Finanzbereich damit beauftragt, das GoGreen-Programm durch den Aufbau eines umfassenden Carbon Accountings zu unterstützen. Mit großem Erfolg: Schon Mitte 2009 konnte ein regelmäßiges monatliches Reporting der Emissionen aus eigenen Aktivitäten des Konzerns begonnen werden. Aus einer ursprünglichen Arbeitsgruppe entstand dann Anfang 2010 das konzernweite *»Carbon Accounting und Controlling-Programm«* welches seitdem durch eine fest im Konzerncontrolling etablierte Abteilung vorangetrieben wird. Das kurz »CAC« genannte Programm treibt den Aufbau von Prozessen und Systemen zur Erfassung beziehungsweise Berechnung der für das Management der CO_2-Effizienz benötigten Daten sowie die Entwicklung von Verfahren zur Analyse, Planung und Kontrolle der CO_2-Effizienz voran. Dabei arbeiten im CAC-Team Finanzexperten aus der Konzernzentrale und den Divisionen sehr eng mit den Umweltexperten des GoGreen-Programms zusammen.

Das Carbon Accounting und Controlling-Programm von Deutsche Post DHL ist im Finanzbereich angesiedelt

6 Die Carbon Accounting und Controlling Lösung bei Deutsche Post DHL

Ein umfassendes CO_2-Controlling-Konzept

Mit dem Ziel, das Management der CO_2-Effizienzziele des Konzerns umfassend durch Carbon Accounting und Controlling zu unterstützen, betritt das CAC-Programm an vielen Stellen Neuland, für das es in Literatur und Praxis bislang nur wenige Vorbilder gibt.

Geht es darum, durch ein Carbon Controlling nicht nur dediziert »grüne« Manager in ihren Projekten zu unterstützen, sondern vielmehr eine breite Basis verantwortlicher Entscheidungsträger einzubinden, kommt speziell im internationalen Kontext ein unterschiedlich stark ausgeprägtes Problembewusstsein im Adressatenkreis hinzu.

Die Steuerung der GoGreen-Ziele wird daher bei Deutsche Post DHL durch ein differenziertes, adaptives Vorgehen unterstützt. Bereits durch die Schaffung von Transparenz, durch Aufklärung und Kommunikation können jenes Problembewusstsein gefördert und Veränderung angeregt werden. Gezielte Analysen und Reports geben Impulse und sind der Ausgangspunkt für einen weitergehenden Dialog, an dessen Ende eine umfassende Integration des Ziels der CO_2-Effizienz in alltägliche Entscheidungen stehen soll. In Bereichen, in denen bereits eine ausreichende Akzeptanz vorhanden und die Datenbasis entsprechend hoch belastbar ist, kann dann auch eine Integration von CO_2-Zielen in die Anreizgestaltung, freiwillig oder auf verpflichtender Basis, vorgenommen werden.

Im Kern der Carbon-Controlling-Konzeption von Deutsche Post DHL steht daher ein systematischer Dialog zwischen Controllern und dem Management. Die hierzu benötigten Methoden, Prozesse und Systeme sowie Rollen und Verantwortlichkeiten lassen sich dabei in vier Bereichen beschreiben, die gemeinsam einen klassischen Controlling-Regelkreis bilden.

Durch *Accounting und Reporting* entsteht dabei – sowohl nach außen als auch nach innen – zunächst Sprachfähigkeit über die CO_2-Emissionen des Konzerns und die Erreichung der gesetzten Effizienzziele. Der Bereich *Analyse* beschäftigt sich dann mit Entwicklungen und Potenzialen und verknüpft das erreichte Effizienzniveau mit den Stellhebeln und Treibern der Veränderung, um Diskussionen im Management anzustoßen und inhaltlich anzureichern. Die Ergebnisse dieser Diskussionen münden im dritten Bereich in

Accounting und Reporting sind die Grundlage zur Erreichung der gesetzten Effizienzziele

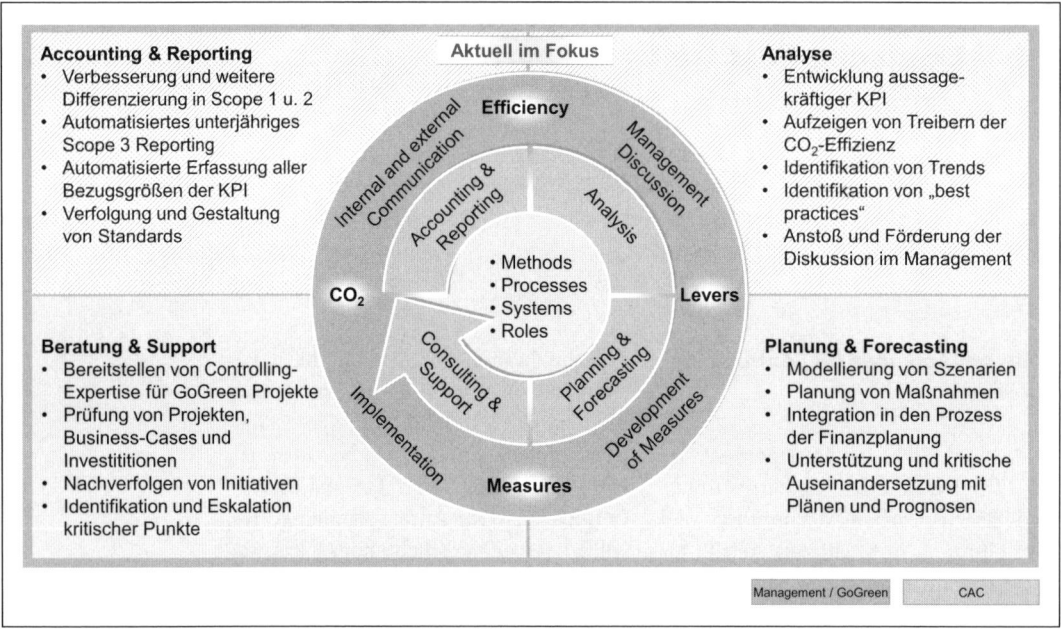

Abbildung 17: Carbon Accounting und Controlling Blueprint

Das CO_2-Controlling von Deutsche Post DHL umfasst Accounting und Reporting, Analyse, Forecasting, Planung sowie Consulting und Support

das *Forecasting* der Wirkung der diskutierten Hebel und die *Planung* konkreter Maßnahmen, die durch das Management entwickelt werden. Der vierte Bereich des CO_2-Controllings, *Consulting und Support*, liegt dann in der Begleitung der Umsetzung geplanter Maßnahmen, von der Unterstützung in Einzelfallentscheidungen bis hin zum Tracking großer Projekte, die letztlich ihre Wirkung auf die CO_2-Emissionen des Konzerns entfalten.

Da viele Bausteine der einzelnen Bereiche dieses Carbon Controlling »Blueprints« aufeinander basieren, hat der Aufbau des Carbon Controllings zwar umfassend begonnen, ist jedoch in vier Bereichen noch unterschiedlich weit fortgeschritten. Im Fokus der bisherigen Entwicklung stehen Accounting und Reporting sowie die Analyse; jedoch auch im Bereich Planung und Forecasting sowie Consulting und Support wurden bereits verschiedene Elemente implementiert. Wie dies konkret umgesetzt aussieht, sollen die folgenden Abschnitte beschreiben.

Carbon Accounting und Reporting

Rahmen für Carbon Accounting

Wie bereits im vorherigen Abschnitt dargestellt, liegt der Fokus der Umweltberichterstattung bei Deutsche Post DHL auf den CO_2-Emissionen. Mit dem Aufsetzen des GoGreen-Programms und der klaren Definition von CO_2-Effizienz-Steigerungszielen in 2008 ergab sich unmittelbar die Notwendigkeit, die für eine aktive Steuerung der CO_2-Emissionen benötigte Transparenz zu schaffen.

Dabei müssen die erhobenen CO_2-Daten nicht nur aussagekräftig sein, sondern sollen auch auf praktikable und nachprüfbare Weise erfasst werden.

Aussagekraft bedeutet dabei, dass

- die Wirkungen der dargestellten Hebel des CO_2-Managements durch die Berechnungsmethoden abgebildet sein sollen,
- die Granularität der Daten und die Berichtsfrequenz geeignet sind, um das Management in Entscheidungen zu unterstützen, und
- die Datenqualität ausreicht, um den Erfolg von Maßnahmen bewerten zu können.

Praktikabilität ist insbesondere damit verbunden, dass

- zusätzliche Kosten gering gehalten werden,
- neue Prozesse so definiert werden, dass sie Akzeptanz bei den Beteiligten finden, sei es in der Rolle von Datenlieferanten oder als Anwender, und
- der Ansatz einfach bleibt, nicht zuletzt, um mögliche Fehlerquellen zu vermeiden.

Wichtig ist zudem die objektive *Nachprüfbarkeit* der Daten, die durch Dokumentation von Werten, Quellen und Prozessen sichergestellt werden muss. Hintergrund ist hier nicht nur die Notwendigkeit, externen Berichtsanforderungen und Standards nachkommen zu können. Auch zur internen Steuerung müssen Daten verlässlich und unstrittig sein, so zur Entscheidungsunterstützung oder für die Verwendung in Anreizmodellen.

Die Planung der Carbon Accounting Lösung orientierte sich an den beiden Zielsetzungen, die CO_2-Effizienz der eigenen Flotte und Gebäude bis 2012 um 10 Prozent zu steigern, bis 2020 um 30 Prozent inklusive der Emissionen der Subunternehmer (vergleiche Abschnitt »Fokusthema CO_2«). Die Abgrenzung der Emissionen folgt dabei anhand der durch das GHG-Protokoll vorgegebenen Kategorisierung (siehe Abbildung 18, S. 48).

Die erste Phase der Entwicklung fokussierte sich also auf die eigenen CO_2-Emissionen und führte im Sommer 2009 die im folgenden Abschnitt näher vorgestellte Lösung ein. Nach einer Stabilisierung wurde dann Anfang 2010 die zweite Phase angegangen, die Verbesserung der bis dato eher manuellen, nur einmal im Jahr durchgeführten Ermittlungsverfahren für die Emissionen der Subunternehmer. Diese Phase wird im übernächsten Abschnitt beschrieben.

Die Erfassung der eigenen Emissionen (Scope 1 und 2)

Bereits seit Mitte 2009 ist der Konzern in der Lage, seine CO_2-Emissionen aus eigener Flotte und eigenen Gebäuden monatlich im Konzerninformationssystem CREST zu berichten. Durch Integration mit Belegerfassungsprozessen des Rechnungswesens und durch die Nutzung der Infrastrukturen des Finanzsystems konnte ein sowohl effizienter als auch qualitativ hochwertiger Daten liefernder Prozess entwickelt werden. Erfassung und Kalkulation folgen dabei dem *GHG-Protokoll* und dem *ISO Standard 14064*, die durch eine interne Richtlinie operationalisiert worden sind.

Für das Accounting und Reporting ist es wichtig, dass die CO_2-Daten aussagekräftig, praktikabel und nachprüfbar sind

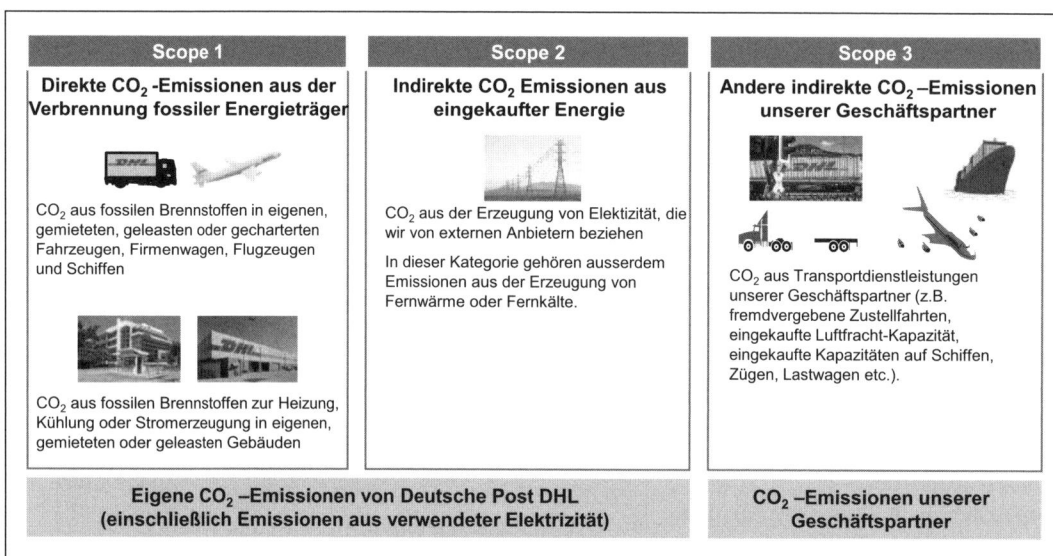

Abbildung 18: Definition der Emission-Scopes und Anwendung bei DEUTSCHE POST DHL

Die Erfassung der CO₂-Emissionen erfolgt nach den Prinzipien des GHG-Protokolls und dem ISO Standard 14064

Um die Validität des Berichtswesens sicherzustellen, wurde zunächst ein fachliches Regelwerk für die Erfassung der Emissionen entwickelt

Das GHG-Protokoll lehnt sich in seinen Grundsätzen für Carbon Accounting offen an den Prinzipien des finanziellen Rechnungswesens an. So war es naheliegend, auch im Aufbau eines Erfassungs- und Berichtssystems das Rad nicht neu zu erfinden, sondern die Anknüpfung an Prozesse und Strukturen des Finanz- und Rechnungswesens zu suchen, da die Forderungen der Grundprinzipien des GHG-Protokolls (siehe Abbildung 19) durch die Prozessstandards des Rechnungswesens bereits weitestgehend abgedeckt sind (vergleiche Greenhouse Gas (GHG)-Protokoll 2004).

Grundprinzipien des GHG-Protokolls

Der Ausgangspunkt eines Berichtswesens ist die Spezifikation seiner benötigten Inhalte. So wurde auch für Carbon Accounting zunächst ein *fachliches Regelwerk* entwickelt, in dem die notwendigen Lieferverantworungen definiert, die inhaltlichen Lieferanforderungen detailliert ausspezifiziert und klare Vorschriften für den Umgang mit Abgrenzungs-, Schätz- und sonstigen Sonderfällen getroffen wurden. Entsprechend dieser inhaltlichen Beschreibung wurde dann der Konzernkontenrahmen um statistische Positionen für die Erfassung der relevanten Energieverbräuche erweitert und eine entsprechende Spezifikation für Datenlieferanten und Vorsysteme formuliert.

Damit waren klare Richtlinien gegeben, nach denen Anpassungen auf der Ebene der wertorientierten Erfassungssysteme des Rechnungswesens erfolgen konnten. An vielen Stellen ist es hier möglich, Verbrauchsdaten unmittelbar aus geeigneten operativen Systemen zu übernehmen oder die benötigte Mengenkomponente, zum Beispiel beim Einkauf von Treibstoffen, direkt im Pro-

Relevanz:	Angemessene Darstellung der Emissionen für unternehmensinterne und -externe Entscheidungsträger
Vollständigkeit:	Erfassung und Bericht der Emissionen aller Quellen und Aktivitäten entsprechend eines jeweils für das Unternehmen festgelegten relevanten Katalogs sowie Ausweis und Begründung sämtlicher Ausnahmen.
Konsistenz:	Verwendung konsistenter Methodik im Zeitverlauf, transparente Dokumentation aller Anpassungen an Daten, Emissionskatalog, Methodik oder andere für die Zeitreihe relevante Faktoren.
Transparenz:	Kohärente, sachliche und nachprüfbare Darstellung aller Sachverhalte, Ausweis aller relevanten Annahmen, Berechnungsmethoden und Datenquellen.
Genauigkeit:	Sicherstellung einer weitestmöglichen Vermeidung von Über- und Unterschätzungen der tatsächlichen Emissionen und Minimierung von Unsicherheiten im praktikablen Rahmen. Hinreichende Genauigkeit und Verlässlichkeit für den Nutzer der Information.

Abbildung 19: Grundprinzipien des GHG-Protokolls

zess der Kontierung von verbrauchsbezogenen Rechnungen mit zu erfassen und so den Aufbau einer zusätzlichen, parallelen Erfassungsstruktur zu vermeiden. Auf der Ebene der Berichts- und Kontrollsysteme, aus denen häufig die Schnittstellen zu den Analysesystemen bedient werden, waren in vielen Fällen lediglich Export-Definitionen anzupassen, um die (nur inhaltlich, unter strikter Beibehaltung bestehender Formate) erweiterte Lieferanforderung zu erfüllen.

Auf der Ebene der Analysesysteme ist für die Zusammenfassung, Konzernkonsolidierung und Analyse der Finanz- und Managementdaten sowie für die Erstellung des formatierten Standardberichtswesens bereits ein leistungsfähiges, SAP-basiertes zentrales *Konzerninformationssystem* im Einsatz. Aufgrund eines flexiblen Setups war es hier leicht möglich, die Konfiguration so zu erweitern, dass auch Carbon Accounting Daten aufgenommen und verarbeitet werden können. Über die Erweiterung des Datenmodells um die für Carbon Accounting benötigten Strukturen hinaus, war dies im Wesentlichen eine Ergänzung des von den liefernden Einheiten abzuarbeitenden Lieferprotokolls um zusätzliche Verarbeitungsschritte zur Erfassung und Qualitätsprüfung der verbrauchsbezogenen Daten.

Die Qualitätsprüfung der Daten im CREST-Prozess folgt dabei dem so genannten ›4-C-Konzept‹, für ›formal Correctness – Completeness – Consistency – Content validity‹ (zur Qualitätssicherung mit dem ›4-C Konzept‹ vergleiche auch ausführlich Malz et. al 2006). Dabei wird in der Stufe ›formal Correctness‹ zunächst technisch sichergestellt, dass jedes Quellsystem nur diejenigen Daten liefern kann, die erwartet werden und es nicht zu einer ungewollten Doppellieferung derselben Inhalte aus verschiede-

Die CO_2-relevanten Verbrauchsdaten werden im zentralen Konzerninformationssystem CREST zusammengeführt

Für Scope 1 und 2 werden alle Verbrauchsdaten in CREST durch Multiplikation mit zentral gepflegten Emissionsfaktoren in Emissionen umgerechnet.

nen Quellen kommt. Umgekehrt wird im Zuge der ›Completeness‹-Prüfung transparent, ob alle von den berichtenden Einheiten erwarteten Lieferpakete vollständig und zeitgerecht geliefert wurden. Für Carbon Accounting kann so sichergestellt werden, dass alle relevanten Konzerngesellschaften die geforderten Daten liefern.

Im ›Consistency‹-Check findet eine inhaltliche Verprobung gegebener Zusammenhänge innerhalb der Daten statt. Hierzu ist im System eine Reihe von Prüfregeln hinterlegt, die nach der Datenlieferung durchlaufen werden müssen und ohne deren ›Bestehen‹ ein Datenlieferungspaket nicht als abgeschlossen deklariert werden kann. So werden – um die einfachsten Beispiele zu nennen –, bei Finanzdaten üblicherweise die Ausgeglichenheit der Bilanz, die Bilanzidentität und der Zusammenhang zwischen Bilanz und GuV inhaltlich verprobt. Mit der gleichen Technik lässt sich zum Beispiel auswerten, an welchen Stellen aufgrund gemeldeter Aufwandsarten entsprechende Verbrauchsdaten für Carbon Accounting zu erwarten wären und ob berichtete Werte in einem plausiblen Rahmen liegen.

Den Schlussstein der Qualitätssicherung legt schließlich die fachliche Beurteilung der ›Content validity‹ der berichteten Werte durch ein Team inhaltlicher Experten, wobei speziell hierauf zugeschnittene Berichtsformate die Auswertung erleichtern. Neben der Betrachtung der berichteten Werte im Zeitverlauf und im Vergleich zu vergangenen Einzelerhebungen werden weitergehende Erkenntnisse über Geschäftsverlauf, durchgeführte Maßnahmen und Veränderungen in die Analyse eingebracht.

Zudem werden stichprobenweise Kontrollen der lokalen Systeme durchgeführt, entweder durch schriftliche Anforderung von Belegen oder durch so genannte Site-Visits vor Ort. Aufkommende Fragen oder entdeckte Qualitätsmängel werden dann in Kontakt mit dem Management vor Ort geklärt beziehungsweise bereinigt.

Die gelieferten Verbrauchsdaten werden schließlich im System in CO_2-Emissionen umgerechnet, die dann als Kennzahl ausgewertet werden können. Dazu werden die Werte einfach mit für die jeweiligen Energieträger konfigurierten, üblicherweise landesspezifisch hinterlegten *Emissionsfaktoren* multipliziert. Für weitere Auswertungen wird außerdem auf die gleiche Weise ein über die verschiedenen Energieträger mit ihren unterschiedlichen Maßeinheiten hinweg vereinheitlichter Energieverbrauch in Mega-Joule (MJ) errechnet. Die notwendigen Emissionsfaktoren beziehungsweise Energiedichten werden dabei zentral in einer Tabelle gepflegt, sodass eine konsistente Anwendung sichergestellt ist.

Die besondere Herausforderung: Die Emissionen der Subunternehmer (Scope 3)

Der große Vorteil der im vorigen Abschnitt beschriebenen Lösung liegt in den – in der Regel – vorhandenen Energieverbrauchsmengen im Bereich der eigenen Emissionen. Diese Verbräuche können sehr einfach durch Multiplikation mit einem Emissionsfaktor in CO_2-Ausstoß umgerechnet werden.

Diese direkte Vorgehensweise ist bei den Emissionen der *Subunternehmer* nur

Emissionen der Subunternehmer werden mit ›indirekten Verfahren‹ durch Hochrechnungen basierend auf Aktivitätsdaten und durchschnittlichen Emissionen bestimmt

in den seltensten Fällen anwendbar. Den Rechnungen zum Beispiel der Transportdienstleister lassen sich zwar allerhand Informationen über transportierte Gewichte, Anzahl gefahrener Touren oder auch gefahrene Kilometer entnehmen, aber eben in der Regel nicht die für eine direkte Emissionsberechnung benötigten Kraftstoffverbräuche. Ebenso wenig sind die Subunternehmer bereit, Ladefaktoren der einzelnen Transporte offenzulegen, die aber für die korrekte Berechnung des auf Deutsche Post DHL entfallenden Anteils zum Beispiel eines Frachtfluges einer Fluglinie benötigt werden.

Aus diesem Grund kommen für die Berechnung von Scope 3 Emissionen fast ausschließlich *indirekte Verfahren* zum Einsatz. Der wesentliche Charakter dieser Verfahren ist es, aus operativen Daten (zum Beispiel gefahrene Kilometer, Fahrzeugtyp, ...) oder Finanzdaten (zum Beispiel Transportkosten, ...) die Energieverbräuche abzuleiten und so die Emissionen zu bestimmen.

Zu Beginn der zweiten Phase des Aufbaus der CAC-Lösung bei Deutsche Post DHL wurde zunächst ermittelt, mit welchen Verfahren die einzelnen Unternehmensbereiche bis dato ihre Emissionen für die verschiedenen Transportmodi berechnet haben. Die Methoden und ihre benötigten Parameter und Eingangsvariablen wurden erhoben, gruppiert und innerhalb der Kategorien vereinheitlicht. Daraus entstand ein standardisiertes *Methodenframework*, welches die Grundlage für die Implementierung eines konzernweiten, systemunterstützten Scope 3 Accounting Systems bildet (siehe Abbildung 20).

Die Vereinheitlichung der Methoden über die einzelnen Divisionen hinweg

Die Methoden der Erfassung der einzelnen Unternehmensbereiche wurden in einem Methodenframework standardisiert, welches die Grundlage für das Scope 3 Accounting System bildet

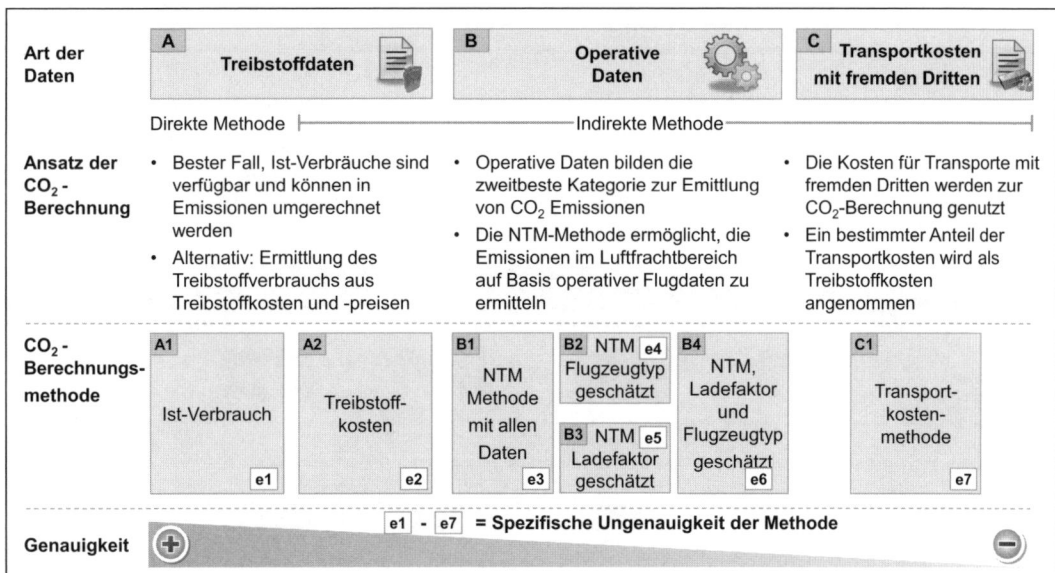

Abbildung 20: Methodenframework am Beispiel des Transportmodus AIR

legte auch unmittelbar das zentrale Designelement der Systemarchitektur nahe: Die Methoden des Frameworks mussten zentral implementiert und administriert werden. Daraus entstand eine verteilte Lösungsarchitektur, die sowohl zentrale als auch divisionsspezifische Elemente enthält. Zu Letzteren gehören zum Beispiel die verschiedenen Produktionssysteme, die die operativen Daten enthalten, welche für die Transaktionsdaten-basierten Methoden benötigt werden. Ebenso fallen verschiedene Erfassungssysteme in diesen Bereich, mit denen an einigen Stellen Daten manuell erfasst werden. Schließlich gibt es noch eine Schicht divisionaler Berichtssysteme, um die spezifischen (Detail-)Anforderungen der Unternehmensbereiche zu erfüllen. Die Berechnung der CO_2-Emissionen hingegen, basierend auf den direkten und indirekten Ansätzen des Methodenframeworks, wurde in einer zentralen Schicht abgebildet. Diese Schicht, Emissions- and Referencebase Calculation-Layer, kurz ERC genannt, kapselt die Berechnungsvorschriften und Parameter der einzelnen Methoden je Transportmodus in einem Modul. So gibt es Module zum Beispiel für die Luftfracht, die Straßentransporte und so weiter. Als letztes Element der gesamten Lösung ist noch die oberste Ebene des Reporting zu nennen, wo die bereits aus dem Scope 1 und 2 Reporting bekannte CREST Lösung erweitert wurde, um ein vollständiges Bild aller Emissionen sowie der Effizienz-KPIs bereitzustellen (siehe Abbildung 21).

In 2011 wurde zunächst das Modul für die Luftfracht fertiggestellt und das Straßen-Modul begonnen. Damit ist es seit Sommer 2011 erstmals möglich, auch die Emissionen der beauftragten Airlines

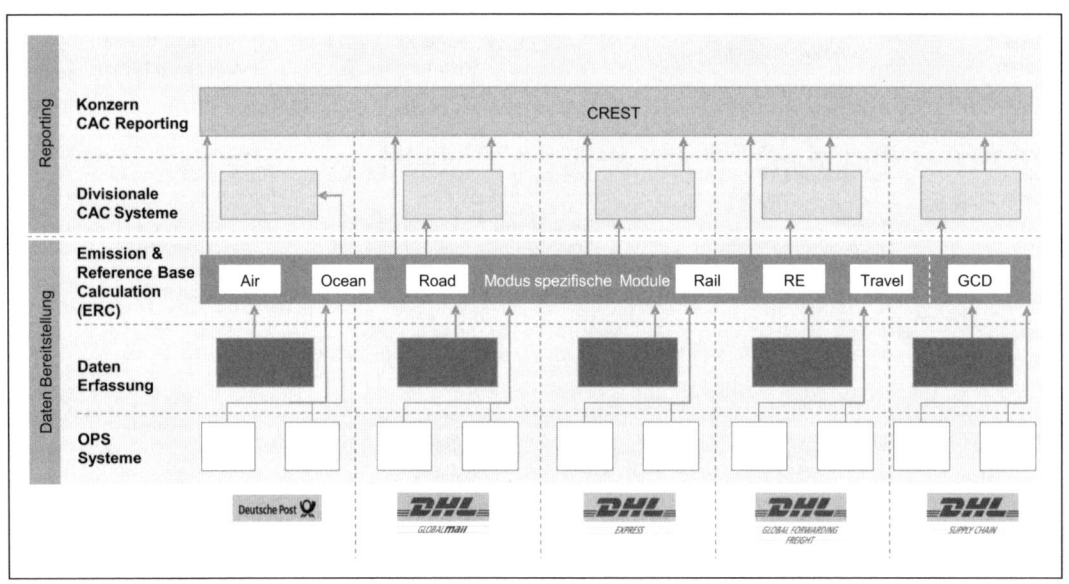

Abbildung 21: CAC-Lösungsarchitektur

monatlich zu erheben und zu berichten. Schwerpunkt für das Jahr 2012 ist die Fertigstellung der gesamten ERC Schicht.

Integriertes Analyse-Frontend

Wie die Finanzdaten des Konzerns münden auch die für Carbon Accounting erfassten Daten in der Business Intelligence Plattform des CREST Reportings. Das zentrale Data Warehouse von CREST bildet den Ausgangspunkt für vielfache Analysemöglichkeiten. Eine leistungsfähige OLAP (online analytical processing)-Engine ermöglicht multidimensionale Auswertungen der verfügbaren Information, zum Beispiel Energieverbräuche und/oder CO_2-Emissionen nach Treibstoffarten, Regionen, Gesellschaften oder auch über die verschiedenen Verbrauchsarten (Gebäude, Straßentransport, Flugzeuge etc.) sowie die Analyse der Effizienz-KPIs. Dabei können Carbon Accounting Daten auch gleichzeitig mit Finanzdaten oder anderen, nicht finanziellen Kennzahlen abgefragt und analysiert werden. Weiterhin besteht die Möglichkeit, die Carbon Accounting Daten in formatierte Berichte zu integrieren oder spezielle Carbon Accounting Berichte, einschließlich grafischer Darstellungen, zu erzeugen.

Standard-Reporting

Durch die technische und inhaltliche Integration der CO_2-Kennzahlen im Konzerninformationssystem CREST lassen sich diese nun genauso einfach wie Finanzkennzahlen im Standard-Reporting einbinden und für beliebige Berichtsanlässe auswerten. Sowohl externe wie interne Berichte werden auf einer einheitlichen Datenbasis erzeugt: Extern werden die Energieverbräuche des Konzerns und die CO_2-Emissionen in den Scopes 1 und 2 bereits frühzeitig im Jahr, gemeinsam mit den Finanzkennzahlen im *Geschäftsbericht* des Konzerns veröffentlicht. Etwas später im Jahr folgt zurzeit der Bericht zur *Unternehmensverantwortung (Nachhaltigkeitsbericht)*. Hier wird ausführlich über die CO_2-Kennzahlen des Konzerns berichtet, eingebettet in eine umfangreiche Dokumentation der Aktivitäten des GoGreen-Programms sowie der gesamten Nachhaltigkeitsposition des Konzerns.

Neben der jährlichen Offenlegung wird zudem das laufende unterjährige Management-Reporting der CO_2-Kennzahlen weiter ausgebaut. Bereits heute gibt es eine Vielzahl regelmäßiger interner Berichte auf lokaler, divisionaler und Konzernebene. Heraus ragen hier die vierteljährlichen »*Business Review Meetings*« des divisionalen Top-Managements mit Konzern-CEO und Konzern-CFO, in denen unter anderem mit dem GoGreen-»Thermostat« eine Scorecard mit Effizienzkennzahlen zum laufenden Jahr und zum Quartal berichtet und diskutiert wird. Darüber hinaus soll im Laufe von 2012 auch eine Integration in das monatliche Berichtspaket für die Top-Führungskräfte des Konzerns erfolgen.

Analyse

Bildung aussagekräftiger Top-KPIs

Mit dem Ziel, die CO_2-Effizienz des Konzerns bis 2020 um 30 Prozent zu verbessern, hat sich der Konzern Deutsche Post DHL kein absolutes, sondern ein *relatives Emissionsziel* gegeben. Dies er-

Die CO_2-Emissionen werden im Geschäftsbericht und im Nachhaltigkeitsbericht kommuniziert. Die interne Kommunikation erfolgt unter anderem in vierteljährlichen »Business Review Meetings«

Die Steuerung der relativen (Konzern-)Emissionsziele erfolgt über einen Carbon Efficiency Index »CEX«

möglicht es auch über einen längeren Zeitraum, Veränderungen im Geschäft (insbesondere: Wachstum) und an den Strukturen des Konzerns (Stichwort: Mergers und Acquisitions) ohne laufende Anpassung des gesetzten Zieles abzubilden. Unter CO_2-Effizienz[4] wird dabei die Relation aus CO_2-Emissionen und erbrachten Leistungen des Konzerns verstanden.

Da sich weiterhin nicht alle Leistungen des Konzerns über den gleichen Nenner messen lassen, wurden für jede Division/Geschäftseinheit eigene, geschäftsspezifische Top-KPIs festgelegt, deren Entwicklung über die Zeit verglichen wird und die – über den CO_2-Ausstoß gewichtet – zu einem Gesamtindex *(Carbon Efficiency Index »CEX«)* verdichtet werden.

Die einzelnen Effizienzkennzahlen der Geschäftseinheiten sind dabei so zu definieren, dass möglichst alle CO_2-Effizienz-Hebel des Managements durch die Kennzahlen abgebildet werden. Neben den bereits erwähnten Anforderungen an die CO_2-Berechnung bedeutet dies insbesondere, dass für die Nenner stets adäquate Bezugsgrößen für die erbrachten Dienstleistungen ausgewählt werden müssen.

Hier ist zu beachten, dass die Größe zur Erfassung der Leistung (im Nenner) so definiert ist, dass sie durch Maßnahmen zur CO_2-Reduktion (im Zähler) nicht gleichermaßen beeinflusst wird. Dies soll an einem Beispiel verdeutlicht werden: In einer Effizienzkennzahl, die das emittierte CO_2 in Relation zu den tatsächlich gefahrenen Tourkilometern

---

[4] Die beschriebene Relation wäre begrifflich präziser als »CO_2-Intensität« bezeichnet.

setzt, würden sich Maßnahmen zur Routenoptimierung zwar im CO_2-Ausstoß widerspiegeln, aber in fast gleichem Maße auch die Bezugsgröße Tourkilometer im Nenner verändern. Die ausgewiesene Effizienz bliebe in diesem Fall annähernd gleich, die Kennzahl ist ungeeignet! Theoretisch optimal wäre es daher, die Leistung im Nenner aus der Perspektive des Kunden beziehungsweise Leistungsempfängers zu messen. Für Transportleistung muss hierzu ermittelt werden, welche direkte Distanz zwischen Ausgangspunkt und Ziel einer Sendung überbrückt wurde und welches Volumen/Gewicht die Sendung hat – unabhängig davon, welchen tatsächlichen Transportweg eine Sendung letztlich nimmt. Natürlich ist dies nicht für jedes Geschäftsmodell praktikabel, weshalb Vereinfachungen – zum Beispiel eine Messung von Stückzahlen bei gleichmäßiger geografischer Verteilung – möglich sind.

Spezielle Analysen und zielgruppenspezifische KPIs

Der Gesamtindex CEX und die divisionalen Effizienz-KPIs ermöglichen eine Abbildung der Zielerreichung von Deutsche Post DHL auf Konzern- und Divisionsebene und erlauben damit eine Steuerung des Effizienzziels auf der Top-Ebene des Konzerns.

Maßnahmen zur Effizienzsteigerung finden jedoch auf allen Ebenen des Konzerns statt: Daher ist es erforderlich, das gesetzte Ziel in den jeweiligen Geschäftsmodellen der Divisionen auf die relevanten Ebenen herunterzubrechen und den dortigen Entscheidungsträgern zu vermitteln. Dabei ist es in der Regel nicht ausreichend, einfach den Top-Level-KPI zu übernehmen und bezogen auf die jeweilige Organisationseinheit neu zu berechnen: So bleiben Effizienz-KPIs häufig für eine Vermittlung zu abstrakt; je nach Verantwortungsbereich eines Managers kann es auch sein, dass sie oder er zum Beispiel nur für den CO_2-Ausstoß verantwortlich gemacht werden kann, die Bezugsgröße im Nenner aber nicht von ihr oder ihm zu beeinflussen ist.

Daher wird der Effizienz-KPI in Auswertungen und Analysen durch weitere, für die Steuerung relevante KPIs unterstützt:

- In vielen Fällen bildet bereits der *absolute CO_2-Ausstoß* eine geeignete Größe, um das Verhalten lokaler oder funktionaler Manager zu steuern. Dies ist insbesondere dann der Fall, wenn die Bezugsgröße im Zuständigkeitsbereich des Managers nicht beeinflussbar oder konstant ist. In diesem Fall ist ein Ziel bezogen auf den absoluten Ausstoß geeignet, vor allem aber einfach und sehr gut kommunizierbar. Der absolute Ausstoß kann selbstverständlich differenziert aufgeschlüsselt werden, zum Beispiel nach Scope, Transportmodus, Energieträger oder über Organisationseinheiten.
- Für die Steuerung von Sub-Netzwerken eignet sich die Ermittlung einer *Modus-* beziehungsweise *Anlageneffizienz*, also die Relation aus CO_2 und Transportleistung in einem jeweiligen Transportmodus beziehungsweise aus CO_2 und Anlagendurchsatz. Diese lässt sich dann zum Beispiel nach den Hebeln des Managements in diesem Modus beziehungsweise der Anlage weiter aufspalten. So lässt sich CO_2 pro verkauftem Tonnenkilometer zum Beispiel aufteilen in das Produkt aus CO_2 pro verfügbare Transportleistung (= der technischen Effizienz) und der verfügbaren Transportleistung pro verkauftem Tonnenkilometer (= dem Kehrwert der Auslastung).
- Zur Einbindung in finanzielle Entscheidungsrechnungen lässt sich ein monetarisierter KPI bilden, der Emissionen mit einem internen Preis versieht und als kalkulatorische Kostengröße »*Cost of Carbon*« darstellt.

Jeder Anwender hat die Möglichkeit, eigene Analysen zu erstellen und nach seinem Bedarf weiterzuentwickeln. So lassen sich zum Beispiel mit geringem Aufwand ABC-Analysen generieren, um Emissionsschwerpunkte als Ansatzpunkte weiterer Maßnahmen zu identifizieren.

Planungsrechnung

Auf Basis der in Analysen gewonnenen Erkenntnisse und der Erfahrungen aus bisherigen Projektphasen lassen sich auch Aussagen über die Entwicklung von CO_2-Ausstoß und Effizienz in der Zukunft generieren. Viele Bestandteile des für die Ist-Erfassung entwickelten Instrumentariums lassen sich auch für Planungszwecke einsetzen.

Dabei bietet das etablierte Carbon Accounting zunächst eine umfangreiche, detaillierte Datenbasis als Grundlage für den Aufbau von Zukunftsszenarien. Das für das Ist etablierte Methodenframework lässt sich auf Forecasting und Planung übertragen und hilft auch dort, die Konsistenz von Annahmen und Metho-

Zur Steuerung innerhalb der Unternehmensbereiche werden auch absolute CO_2-Emissionen, Modus- beziehungsweise Anlageneffizienz oder die monetäre Größe »Cost of Carbon« eingesetzt

den und die Vergleichbarkeit von Berechnungsergebnissen sicherzustellen.

Die intensive Zusammenarbeit von Mitarbeitern aus dem Finanzbereich und Umweltmanagern im Carbon Accounting hat zudem einen umfangreichen, auch für Prognoserechnungen nutzbaren Erfahrungsschatz, wachsen lassen, in dem klassische Controlling-Skills mit dem Wissen über CO_2-relevante Zusammenhänge zu einem umfangreichen Know-how verschmelzen.

Darüber hinaus sind aus der Entwicklung des Carbon Accountings heraus eine Reihe praktischer Tools entstanden, die vom Excel-Template für spezielle Berechnungen über Checklisten bis zu umfangreichen Anleitungen für spezifische Fragestellungen reichen. Einige dieser Tools sind teilweise bereits unmittelbar für Planungsrechnungen übertragbar oder sind leicht anzupassen.

Ein erstes umfangreiches Beispiel für derartige Planungsrechnungen besteht im Bereich *EU ETS-Forecasting*. Im Rahmen von EU ETS sind Fluggesellschaften ab 2012 dazu verpflichtet, Emissionsrechte für Flüge innerhalb, von und nach Europa nachzuweisen und ggf. am Markt zu kaufen. Im Bereich Express Aviation wurde das Carbon Accounting Modell daher so erweitert, dass es nun möglich ist, auf Basis der im Rahmen der Netzwerkplanung bestimmten Flüge recht genaue Prognosen über die relevanten Emissionen abzuleiten und damit den Umfang erforderlicher Emissionsrechte zu generieren.

Im Gegensatz dazu steht die *strategische Zielplanung*, in der es um die Diskussion und Definition interner Steuerungsziele für den Konzern und die Divisionen geht. Hier werden zunächst makroskopische Extrapolationen erstellt, die dann um absehbare technologische Trends und erwartete Geschäftsentwicklungen zu Plan-Szenarien ergänzt werden. Eine Gap-Analyse zeigt dann den Umfang erforderlicher Zusatzmaßnahmen auf, die – ebenfalls aus den Erfahrungen des Carbon Accountings heraus kalkuliert – dann entsprechend quantifiziert werden können.

Die weitere *Operationalisierung* dieser Planung soll ab dem Jahr 2012 mit dem Finanzplanungs-/Budgetprozess für 2013 und Folgejahre integriert werden. Damit sollen nicht nur Synergien in Infrastruktur und Prozess genutzt werden; vielmehr soll auch sichergestellt werden, dass finanzielle Planung und »grüne« Planung nicht isoliert voneinander betrieben werden, sondern bereits in ihrer Entstehung miteinander verbunden und damit konsistent sind.

Consulting und Support

Neben dem regulären, stark durch die verschiedenen Berichtsanlässe strukturierten Controllergeschäft gibt es wie im finanziellen Controlling auch im CO_2-Controlling eine Reihe paralleler Themen, die allgemein unter dem Stichwort Beratung und Support zusammengefasst werden können. Ein wesentlicher Teil hierbei fällt auf die Evaluation des Carbon-Impacts von *Maßnahmen* und *Projekten* im Kleinen wie im Großen. Das CAC-Team ist hier an vielen Stellen Know-how-Lieferant, nicht zuletzt, um verschiedene Projekte in ihrer Berechnung hinsichtlich der gewählten Methoden, des einbezogenen Scopes und der Interpretation ihrer Ergebnisse vergleichbar zu machen.

Die strategische Zielplanung soll weiter operationalisiert werden und ab 2012 in den Finanzplanungs-/Budget-Prozess integriert werden

Die im Flugverkehr benötigten EU ETS-Emissionsrechte werden mittels eines Forecastings ermittelt

So wurde unter anderem für unser durch eine Vielzahl auch kleiner Projekte gekennzeichnetes Verbesserungsprogramm »First-Choice« ein bewusst einfaches Vorgehensmodell zur CO_2-Berechnung entwickelt. Doch auch für große, auf Top-Führungsebene entschiedene Projekte wurde mit der Integration von Anforderungen zur CO_2-Effizienz in unsere Investitionsrichtlinie ein entsprechendes *Carbon-Assessment-Template* entwickelt und in das Standardformat für Entscheidungsvorlagen integriert.

7 Einbettung des Carbon Accountings und Controllings in das Finanzwesen bei Deutsche Post DHL

Erfolgsfaktor Integration

Mit dem Aufbau der Carbon Accounting Lösung ist es Deutsche Post DHL gelungen, in kurzer Zeit zu hoher Transparenz über die CO_2-Emissionen zu kommen und die Grundlagen für ein umfassendes Carbon Controlling zu schaffen. Wesentlicher Erfolgsfaktor war dabei die konsequente Einbettung von Carbon Accounting und Controlling in das Finanzwesen.

So wurde bereits in der Übersetzung von Carbon Accounting Standards in interne Richtlinien stets darauf geachtet, sowohl formal als auch inhaltlich große *Nähe zu den Richtlinien des Finanzwesens* zu wahren. Während die formale Nähe es erlaubt, etablierte Kommunikationsstrukturen im Finanzwesen zu nutzen, ermöglicht die inhaltliche Nähe die Verknüpfung von Prozessen und Daten. So wurden z. B. Wahlrechte im GHG-Protokoll für die Festlegung der organisationalen Grenzen (»Organizational Boundaries«) so gewählt, dass diese mit der Konzernstruktur des Finanzwesens übereinstimmen, was nicht nur die Pflege separater Strukturen vermeidet, sondern auch »zusammenpassende« Zahlen zur Folge hat. Die Einbettung im finanziellen Berichtswesen und die Verknüpfung mit anderen Business-KPIs werden dadurch deutlich erleichtert. Nur durch diese Nähe der Standards war es im oben geschilderten Maße möglich, vorhandene Strukturen und Systeme des Rechnungswesens zur Datensammlung, Aggregation und Analyse sowie die internen Kontrollmechanismen (Prüf- und Bestätigungsprozesse, Revision) aus dem Finanzwesen für Carbon Accounting zu übertragen.

Gleichzeitig wurde Carbon Accounting und Controlling nicht als isoliertes Sonderthema positioniert, sondern als neuer Aspekt in vorhandene Controllingprozesse eingebracht. So obliegt die *Berichtsverantwortung* für Scope 1 und 2 im Regelfall den gleichen lokalen/divisionalen Organisationen, die auch für das finanzielle Reporting verantwortlich sind. Gleichzeitig ist das Kernteam des CAC-Programms als Abteilung im *Konzerncontrolling* verankert und wird durch Teammitglieder aus den divisionalen Finanzbereichen ergänzt. Und nicht zuletzt umfasst das Steering Committee des Programms unter anderem die CFOs der Unternehmensbereiche und wird durch den Finanzvorstand des Konzerns geleitet.

Bei der Implementierung von Carbon Accounting wurde darauf geachtet, Nähe zu den Standards des Finanzwesens zu wahren

Das Thema Carbon Accounting & Controlling ist im Konzerncontrolling angesiedelt

Controller als neue Partner des CO_2-Managements

Mit der Einbettung von Carbon Accounting und Controlling im Konzerncontrolling wurde die Rolle des Controllings um ein neues Themengebiet erweitert. Controller sind zu einem neuen *Partner des CO_2- und Umweltmanagements* geworden.

Carbon Controlling unterstützt das CO_2-Management bei Entscheidungsfindung und Steuerung durch die Aufbereitung von Fakten und Konsequenzen mit Blick auf ökonomische wie ökologische Ziele.

Im Falle Deutsche Post DHL sind Controller zu Trägern und Treibern des CAC-Programms geworden. Sie bringen Erfahrung in den Bereichen Datensammlung, Reporting, Analyse und Steuerung mit und müssen diese auf ein neues Themenfeld übertragen. Dazu müssen sie sich neues Wissen über die Ermittlung von Emissionen und das Emissionsmanagement aneignen. Auf der anderen Seite sind alle Manager, die an GoGreen-Themen arbeiten, zu Adressaten beziehungsweise Kunden des Carbon Controllings geworden. Die Umweltexperten aus dem GoGreen-Programm bringen dabei ihr spezifisches Wissen im Bereich Umweltmanagement in den Dialog ein und werden von einem zunehmend umfangreicher werdenden Carbon Accounting entlastet. Gleichzeitig erfahren Umweltmanager einen neuen, stets auch kritischen Counterpart.

> **Controller sind zu einem Partner des CO_2- und Umweltmanagements geworden**

Einbettung des Carbon Accountings und Controllings in das Finanzwesen bei Deutsche Post DHL

8 Zusammenfassung und Ausblick

Der vorliegende Band der Advanced Controlling Schriftenreihe widmet sich der steigenden Bedeutung von Treibhausgasemissionen und hat das Ziel, Nachhaltigkeitsverantwortliche, Manager und Controller über Hintergründe sowie die Bedeutung von Treibhausgasemissionen zu informieren und vielschichtige Hilfestellungen zum Umgang mit den gestiegenen Anforderungen hinsichtlich Emissionsreduktionen zur Verfügung zu stellen. Die Ergebnisse der Studie sollen insbesondere Controller dabei unterstützen, Carbon Accounting und Controlling für ihr Unternehmen einzuordnen und Ansätze für eine Erfassung und Steuerung der Emissionen zu entwickeln.

Der Klimawandel und die damit in Zusammenhang stehenden Emissionen rücken immer stärker in den Fokus der Öffentlichkeit. Damit wird eine intensive Auseinandersetzung mit dem Thema für alle Unternehmen unumgänglich. Allerdings wird es hierbei keine Lösung »von der Stange« geben. Unsere Studie hat gezeigt, dass Unternehmen in Abhängigkeit von ihrem Geschäftsmodell unterschiedlich stark in der Leistungserstellung und dem Marktpotenzial von der Thematik betroffen sind. Dies betrifft auch die Einflüsse verschiedener externer Akteure: Politik/Regulierung, Kunden, Investoren und NGOs. Diese üben unterschiedlich starken Druck aus, was zu einer differenzierten Betroffenheit der Unternehmen durch den Klimawandel und die damit zusammenhängende Notwendigkeit zur Emissionsberichterstattung und Emissionsreduktion führt. Gemäß der Intensität der Betroffenheit der Leistungserstellung und des Marktpotenzials können Gruppen von Unternehmen mit vergleichbaren Anforderungen an den Umgang mit der Thematik identifiziert und voneinander abgegrenzt werden.

In Reaktion auf die steigende Bedeutung des Klimawandels und die zunehmende Betroffenheit der Unternehmen beschäftigen sich viele Unternehmen aktuell mit der Implementierung eines Carbon Accounting Systems zur Erfassung der Emissionen und eines Carbon Controlling Systems zur Steuerung der Emissionen. Auch hier spiegelt sich die unterschiedliche Betroffenheit der Unternehmen in unterschiedlichen Anforderungen an die Gestaltung der Systeme wider. So können Carbon Accounting Systeme in unterschiedlichem Umfang Informationen über Emissionen berücksichtigen und Carbon Controlling Systeme von einer reinen Erfassung und

Berichterstattung zu Transparenzzwecken bis hin zu einer integrierten Steuerung im Rahmen des Regelsteuerungsprozesses reichen. Aufgrund der unterschiedlichen Betroffenheit der Leistungserstellung und des Marktpotenzials sowie der hohen Kosten, die mit der Entwicklung, Implementierung und Nutzung der Systeme einhergehen, ist eine Individualisierung des Carbon Accounting und Controlling Systems unumgänglich.

Den »State of the Art« für einen sehr weitgehenden Ausbaustand des Carbon Accounting und Controlling Systems liefert Deutsche Post DHL: Das Unternehmen ist einem starken Druck durch externe Akteure ausgesetzt und sieht sich mit einer hohen Betroffenheit der Leistungserstellung konfrontiert. Als Vorreiter auf dem Gebiet des Carbon Accountings und Controllings – sowohl in Bezug auf den Umfang der berücksichtigten Emissionen als auch mit Blick auf deren Steuerung – hat sich Deutsche Post DHL das sehr ambitionierte Ziel einer Verbesserung der CO_2-Effizienz um 30 Prozent bis zum Jahr 2020 gesetzt, was den Kern des Umweltprogramms »GoGreen« bildet. Durch einen systematischen Dialog zwischen Controllern und dem Management soll eine wesentliche Reduktion der CO_2-Emissionen in Relation zu den erbrachten Leistungen des Konzerns erreicht werden. Hierfür leistet ein klassischer Controllingregelkreis (das heißt Accounting und Reporting, Analyse, Planung und Forecasting sowie Consulting und Support) wesentliche Hilfestellung. Die Beschreibung des dahinterliegenden Prozesses kann vielen Managern, Controllern und Nachhaltigkeitsverantwortlichen helfen, ihren eigenen Weg zu einem passenden Carbon Accounting und Controlling zu finden.

Die Analyse der Grundlagen des Carbon Accounting und Controlling sowie das ausführliche Praxisbeispiel haben verdeutlicht, dass der Klimawandel und die damit einhergehende Notwendigkeit zur Reduktion der Emissionen von zunehmender Bedeutung sind und hohe Anforderungen an die Unternehmen stellen. Besonders für das Controlling und die Controller ergeben sich hieraus neue Herausforderungen, zugleich aber auch viele Möglichkeiten, durch den Wissenstransfer aus dem Finanzwesen ihren Verantwortungsbereich zu erweitern, ihre Rolle weiterzuentwickeln und zum nachhaltigen Wirtschaften der Organisation beizutragen.

Carbon Accounting und Controlling ist deshalb ein sowohl spannendes als auch nachhaltiges Thema. Wir werden Sie in kommenden AC-Bänden auf dem Laufenden halten!

9 Literaturverzeichnis

Carbon Disclosure Project (2011a): CDP Global 500 Report 2011 – Accelerating Low Carbon Growth, London, United Kingdom 2011.

Carbon Disclosure Project (2011b): Carbon Disclosure Project 2011 – Deutschland/Österreich 250, Berlin 2011.

Carbon Disclosure Project (2011c): Carbon Disclosure Project 2011 – Corporate Responses.

Center of Market Oriented Product and Production Management (CMPP) der Johannes Gutenberg-Universität Mainz (2008): Verbraucher fordern CO_2-neutrale Produkte – Hohe Kaufbereitschaft der Verbraucher. Pressemeldung 11.04.2008. URL: http://www.uni-mainz.de/presse/21639.php. Aufgerufen am 08.01.2012.

Deutsche Lufthansa AG (2011): Verbraucher fordern CO_2-neutrale Produkte – Hohe Kaufbereitschaft der Verbraucher. Pressemeldung 10.2012. URL: http://presse.lufthansa.com/fileadmin/downloads/de/politikbrief/10_2011/LH-Politikbrief-Oktober-2011-Emissionshandel.pdf. Aufgerufen am 08.01.2012.

Eitelwein, O./Goretzki, L. (2010): Carbon Controlling und Accounting erfolgreich implementieren – Satus Quo und Ausblick. ZfCM, Vol. 54 Nr. 1, S. 23–31.

European Energy Exchange (EEX) (2012): EU Emission Allowances – Preise und Handelsvolumen. URL: http://charts.eex.com/chart/?l=de&w=745&pt=M&fp=BM&cx=0&bmu=0&ct=SEPE&di=2495. Aufgerufen am 08.01.2012.

Europäische Kommission (2009). EU-Maßnahmen gegen den Klimawandel – Das Emissionshandelssystem der EU, Brüssel 2009.

Forster, P./Ramaswamy, V./Artaxo, P./Berntsen, T./Betts, R./Fahey, D. W./Haywood, J./Lean, J./Lowe, D. C./Myhre, G./Nganga, J./Prinn, R./Raga, G./Schulz, M./Van Dorland, R. (2007): Changes in Atmospheric Constituents and in Radiative Forcing. In: Climate Change 2007: The Physical Science Basis. Contribution of Working Group I to the Fourth Assessment Report of the Intergovernmental Panel on Climate Change [Solomon, S., D. Qin, M. Manning, Z. Chen, M. Marquis, K. B. Averyt, M. Tignor and H. L. Miller (eds.)]. Cambridge University Press, Cambridge, United Kingdom and New York, NY, USA, 2007.

Global e-Sustainability Initiative (GeSI) (2008). SMART 2020 Addendum Deutschland: Die IKT-Industrie als treibende Kraft auf dem Weg zu nachhaltigem Klimaschutz, Brussels, Belgium 2008.

Greiner, S./Aidt, T. (2002): Sharing the Climate Policy Burden in the EU, präsentiert auf dem zweiten World Congress of Environmental and Resource Economists, 24.–27. Juni 2002, Monterey, Kanada.

http://www.opengrey.eu/item/display/10068/207073. Aufgerufen am 08.01.2012.

Greenhouse Gas (GHG)-Protokoll (2004): The Greenhouse Gas Protocol. A Corporate Accounting and Reporting Standard. Revised Edition, 2004.

Günther, E./Stechemesser, K. (2010): Carbon Controlling. ZfCM, Vol. 54 Nr. 1, S. 62–65.

Hufschlag, K. (2010): Weltweites Carbon Accounting bei Deutsche Post DHL. UWF – Umweltwirtschaftsforum, Vol. 18, S. 29–33.

Intergovernmental Panel on Climate Change (IPCC) (2007): Summary for Policymakers. In: Climate Change 2007: The Physical Science Basis. Contribution of Working Group I to the Fourth Assessment Report of the Intergovernmental Panel on Climate Change [Solomon, S., D. Qin, M. Manning, Z. Chen, M. Marquis, K. B. Averyt, M. Tignor and H. L. Miller (eds.)]. Cambridge University Press, Cambridge, United Kingdom and New York, NY, USA, 2007.

Malz, R./Hofmann, M./Klingmann, P./Stummer, F./Op de Hipt, C. (2006): Eine Zahl, eine Sprache, ein Ziel: Qualitätssicherung eines Managementinformationssystems in der Praxis. In: Winter, P., Nietzel, V., Otte, M. (Hrsg.) Controlling im Wandel der Zeit – Festschrift anlässlich der Emeritierung von Prof. Dr. Hans-Jörg Hoitsch. Haufe, Lohmar, S. 489–507.

National Aeronautics and Space Administration (NASA) (2011). Daten zur Temperatur. URL: http://data.giss.nasa.gov/gistemp/tabledata_v3/GLB.Ts+dSST.txt. Aufgerufen am 08.01.2012.

National Oceanic and Atmospheric Administration (NOAA) (2011). Daten zum CO_2 Gehalt in der Atmosphäre. URL: http://www.esrl.noaa.gov/gmd/ccgg/trends/. Aufgerufen am 08.01.2012.

NGO-Communications (2012). Internetplattform. URL: http://www.ngo-communications.de/allgemein/definition-ngo. Aufgerufen am 08.01.2012.

Petit, J. R./Jouzel, J./Raynaud, D./Barkov, N. I./Barnola, J.-M./Basile, I./Bender, M./Chappellaz, J./Davisk, M./Delaygue, G./Delmotte, M./Kotlyakov, V. M./Legrand, M./Lipenkov, V. Y./Lorius, C./Pépin, L./Ritz, C./Saltzmank, E./Stievenard, M. (1999): Climate and atmospheric history of the past 420,000 years from the Vostok ice core, Antarctica. Nature (399), S. 429–436.

Schmidt, M. (2010): Carbon Accounting zwischen Modeerscheinung und ökologischem Verbesserungsprozess. ZfCM, Vol. 54, Nr. 1, S. 32–37.

Stern, N. (2006): Stern Review on the Economics of Climate Change, London 2010.

Siegenthaler, U./Stocker, T. F./Monnin, E./Lüthi, D./Schwander, J./Stauffer, B./Raynaud, D./Barnola, J.-M./Fischer, H./Masson-Delmotte, V./Jouzel, J. (2005): Stable Carbon Cycle – Climate Relationship During the Late Pleistocene. Science, Vol. 310, Nr. 5752, S. 1313–1317.

UNFCCC (1998): Kyoto Protocol to the United Nations Framework Convention on Climate Change. United Nations Framework Convention on Climate Change, 1998.

Wissenschaftlicher Beirat der Bundesregierung – Globale Umweltveränderungen (2009): Kassensturz für den Weltklimavertrag – Der Budgetansatz. Berlin, 2009.

10 Stichwortverzeichnis

a

Analyse 27, 31 f., 43, 45 f., 49 f., 53 ff., 59 f., 62
Anlageneffizienz 55
Außenwirkung 23 f., 29, 32 f., 38
Ausbaugrad des Carbon Controllings 34

b

Berichterstattung 14, 19 ff., 26, 37, 62
Bewertung 25 f., 28
Business Case 35

c

Carbon Assessment Template 57
Carbon Disclosure Project (CDP) 19 f.
– Carbon Disclosure Leadership Index (CDLI) 19
– Carbon Performance Leadership Index (CPLI) 20
Carbon Disclosure Score 37
Carbon Efficiency Index (CEX) 54
Carbon Planning 26
Carbon Reporting 26
Carbon Target Setting 25
Clean Development Mechanism (CDM) 12
CO_2 17, 41
CO_2-Äquivalent 13 f.
CO_2-Effizienz 42 f., 45 f., 53 f., 57, 62
CO_2-Footprint 25 f., 29 ff.
CO_2-Reduktion 25, 28, 31 f., 39, 54
Company Carbon Footprint 13, 27, 30, 32
Cost of Carbon 55
Counterpart 60

d

Dimensionsspinne 26 ff.

e

Emissionen
– direkte 13 f., 23 f., 27 f.
– Emissionsfaktoren 50
– indirekte 14
– Scope 1 13 f., 26 f., 29 ff., 46 ff., 52, 59
– Scope 2 13 f., 26 f., 29 ff., 48
– Scope 3 13 f., 18, 26 f., 29 ff., 46, 48, 50 f.
– Treibhausgase 7, 9, 11 ff., 15 ff., 21 f., 61
Emissionsarten 14, 25 ff.
Emissionsfaktoren 50
Emissionshandelssystem (EU ETS) 12, 15 f., 19
Emissionsquellen 13, 25 ff.
Emissionszertifikat 12, 15 f.
Emissionsziel 15, 53 f.
Erfassung 13, 16, 21, 23 ff., 36 ff., 43, 46 ff., 51 f., 54 f., 61

f

Finanzwesen 59, 62
Forecast 46, 55 f., 62

g

Geschäftsbericht 19, 53
Geschäftskunden 18, 22
GoGreen 41 ff., 62
GoHelp 41
GoTeach 41

i

Implementierung 9, 25, 28 f., 31 ff., 51, 61 f.
Incentivierung 34 ff.
Innenwirkung 28, 31, 38 f.
Integration 26, 33 f., 36, 38 f., 45 ff., 53, 57, 59
Investoren 19 ff., 23, 61
– langfristige 20

j
Joint Implementation (JI) 12

k
Klimawandel 7, 9, 11 ff., 17, 19, 22, 24, 61 f.
- Klimadebatte 25
- Klimakonferenz 9, 12 f., 15
- Temperaturanstieg 11 f.
- Treibhauseffekt 13

Kompensation 18
Konzerncontrolling 8, 10, 43, 59 f.
Konzerninformationssystem 47, 53
Kunden 17 f., 22 ff., 28, 41 ff., 54, 60 f.
Kyoto-Protokoll 12 f., 16, 22, 26 f., 29 ff.

l
Lastenteilung (Burden Sharing) 12
Leistungserstellung 18 f., 22 ff., 28 f., 31 ff., 36 ff., 61 f.

m
Maßnahmencontrolling 35
Marktpotenzial 18 f., 22 ff., 28 ff., 37 f., 61 f.
Messung 25 f., 54

n
Nachhaltigkeit 7, 10, 20, 41
Nachhaltigkeitsbericht 22, 28, 53
Nichtregierungsorganisation (NGO) 21 ff.

p
Planung 43, 46 f., 55 f., 62
Politik 7, 9, 11, 15, 61
Product Carbon Footprint 17, 22, 27, 30, 32
Produktlebenszyklus 27

r
Rechnungswesen 34, 38, 47 f., 59
Reduktionsziele 12, 35 f.
Regelsteuerungsprozess 26, 33 f., 36, 38, 62
Regulierung 9, 15, 21 f., 24, 61
Relatives Emissionsziel s. *Emissionsziel*
Reporting 43, 45 f., 52 f., 59 f., 62

s
Standardisierung 21
- Greenhouse Gas (GHG)-Protokoll 21
- ISO Standard 14064 21 f., 47

Strategische Fokusfelder 26, 35
Strategische Zielplanung 56
Subunternehmer 42, 47, 50 f.

t
Transparenz 17 ff., 22 f., 33, 37 f., 43, 45, 47, 49, 59
Treibhausgase 13, 22, 25, 27 f., 32 f., 42

u
Umweltmanagement 60
Umweltmanager 56, 60
Unternehmenssteuerung 26, 36, 67

v
Verbraucher 17 f.
Vorreiter 7, 18 f., 62

w
Wachstumsbeschränkung 16, 19, 21, 23, 39
Wertschöpfungskette 13, 18, 22, 25, 28, 30, 33
Wettbewerbsvorteil 18 f., 23

z
Ziel 7, 9, 16

In eigener Sache

Ein zentrales Ziel des Instituts für Management und Controlling besteht darin, neueste theoretische Erkenntnisse in die Praxis zu tragen. Dies erfolgt in Vorträgen, Workshops, Arbeitskreisen und im CCM (Center for Controlling & Management), in dem namhafte Großunternehmen mit wissenschaftlichen Mitarbeitern und Studenten eng zusammenarbeiten. Über die Ergebnisse dieser Arbeit wird regelmäßig in der Schriftenreihe Advanced Controlling berichtet. Der Lehrstuhl von Prof. Dr. Dr. h.c. Weber ist seit 2008 Teil des neu gegründeten Instituts für Management und Controlling und arbeitet schon mehr als 15 Jahre eng mit CTcon, einem Spin-off der WHU, zusammen. CTcon ist ein auf Unternehmenssteuerung und Controlling spezialisiertes Beratungs- und Trainingsunternehmen. Seit Jahren setzen führende Konzerne und bedeutende öffentliche Organisationen erfolgreich auf die kompetente Unterstützung von CTcon. Dabei werden die theoretischen Erkenntnisse des Instituts konsequent in innovative Lösungen für die Unternehmenspraxis umgesetzt. Eine gemeinsame praxisbezogene Forschung und ein ständiger fachlicher Gedankenaustausch sind ebenso selbstverständlich wie die Zusammenarbeit in der Hochschulausbildung sowie in maßgeschneiderten Inhouse-Seminaren.

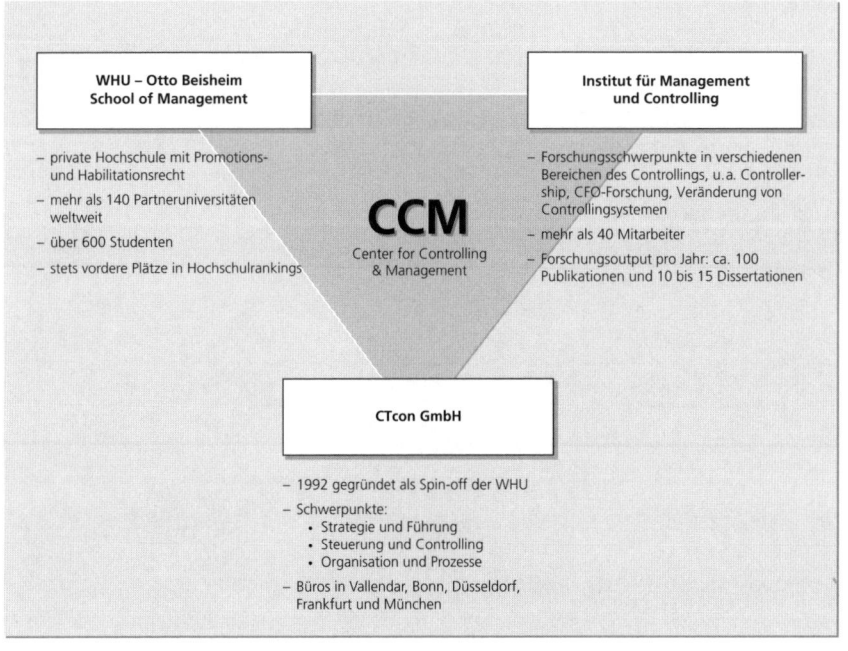